民主

Democracy: A Very Short Introduction

Democracy: A Very Short Introduction

民主

伯納德·克里克(Bernard Crick)著
史獻芝 譯

OXFORD
UNIVERSITY PRESS

OXFORD
UNIVERSITY PRESS

Oxford University Press is a department of the University of Oxford.
It furthers the University's objective of excellence in research, scholarship,
and education by publishing worldwide. Oxford is a registered trade mark of
Oxford University Press in the UK and in certain other countries

Published in Hong Kong by
Oxford University Press (China) Limited
39/F, One Kowloon, 1 Wang Yuen Street, Kowloon Bay,
Hong Kong

This Orthodox Chinese edition © Oxford University Press (China) Limited

The moral rights of the author have been asserted

First edition published in 2019

民主

伯納德·克里克 (Bernard Crick) 著

史獻芝 譯

ISBN: 978-0-19-943377-3

1 3 5 7 9 10 8 6 4 2

English text originally published as *Democracy: A Very Short Introduction*
by Oxford University Press © Bernard Crick 2002

目　錄

引　言

「民主」(democracy)一詞有許多含義。如果説其中有哪個是本源的，那麼柏拉圖可能會説，事實上它被塵封在天上；不幸的是，還沒有傳達給我們。這個詞正是某些哲學家所説的「本質上有爭議的概念」，類似這樣的詞永遠不會讓所有人一致同意以相同的方式加以定義，因為定義本身就承載着不同的社會、道德和政治內容。不過，無論如何，至少在今天，我們的生活離不開它。四十年前我寫下《為政治辯護》(*In Defence of Politics*)一書，在書中為這個「最混亂不堪的詞」找了個化身，讓它變成希臘或羅馬神話中的仙女，即雅典的小神「民主」(Democratia)：「她是大眾情人，即使哪個愛侶看到她的芳心正被其他人無理分享，也不減她的魔力。」

當然，柏拉圖討厭民主。對他來說，這種統治方式是在讓意見(*doxa*)超越哲學(*philosophia*)，讓看法重於知識。希臘語中表示統治的詞是 *Kratos*，而 *demos* 意指「人民」，但是古代(以及現代)許多論者都賦予它一種貶義，把多數人簡單地歸為暴民，即強大、自私、變化無常、前後不一的獸類。我們會看到，柏拉

圖的學生亞里士多德在《政治學》一書中採取了比較溫和的觀點。對他來說，民主是善治的必要條件，但遠不是充分條件。如果談論正義和善治，我們就是在談論由不同的概念、價值和做法構成的複雜集合，這種集合一直處於變化之中。比阿特麗斯·韋伯曾說：「民主並非謬見的疊加」；她這麼說不是在否認民主，只是可能略有些尖刻地把民主放到了原本的位置，並要求在教育領域進行更多的改革，或者只是在呼喚教育。

所以，任何人如果主張存在某種無論何時都最為理想的民主概念，我們都應該存疑，對於我們如何選擇穿戴某套現成的民主服裝而不是另一套，則應該帶一些嘲諷。不過，選擇還是必需的，即使是以默認的方式。在民主國家，廣泛存在的不作選擇可能是一種危險的選擇方式。每個人都必須選擇一些東西，但是如何以及為何擅自替他人做出選擇，則是另一回事。從廣義上說，大多數生活在我們稱之為「民主」的政府體系中的人，都可能會閱讀類似眼前這樣的一本書。如希臘詩人所說的，「民主」這個詞仍然能夠，或者說應該「像酒一樣溫暖血液」，而「立憲政體」之類的則有一點關於民主的教科書或法律書籍的意味。儘管頗多歧義，還是很有必要探討「民主」，探討它的使用和濫用，正如本書的結尾部分將要詳述的那樣。在新的政制確立之際，要在不同的民主制度之

間進行選擇，比如在戰後的德國和日本，在蘇聯解體後新誕生的那些共和國，或者在蘇格蘭、威爾士和北愛爾蘭這樣的權力由移交而來的政府中。但是，這並不意味着民主在任何情況下都是壓倒一切的原則(更不用說令人難過的事實是，世界上大多數國家並沒有民主)。例如，在過去的一兩年中，我碰巧參加過很多會議，會上有人站起來，充滿激情又合乎邏輯地要求創建「民主學校」，我則毫不留情地反擊：「胡說八道，學校不可能是民主的；但是上帝為證，有許多國家需要變得更加民主，某些國家事實上是專制政體極為明顯的例證。」

不過從廣義上講，「民主」的不同用法中具有實際效用的並沒有那麼多。所謂具有實際效用，意思是在民主被視為一套價值觀念和被視為一套制度安排之間存在某種一致性。同時考察被稱為民主的價值觀和制度的歷史，就能無比清晰地看出這一點。

之所以在一開始採取歷史方法，有兩個原因。第一個原因，要理解任何人類制度，必須先對此前發生的事有所瞭解，瞭解為何要創建它們，它們又是如何演變的。即使是崇尚革命的馬克思也說過，為了改造世界，必須先認識世界(即使他對於改造可能達到的程度，當然也包括所涉及的時間尺度，有些理想主義甚至是明顯錯誤的)。第二個原因本身就是歷史的。當民主先是與美國革命，隨後又與法國革命一起進入現代

政治和社會時，這些事件的領導人回顧了在他們看來堪稱先例的希臘民主和羅馬民主。在繪畫和雕塑中，他們身穿古典時代的托加袍，戴着桂冠；在確立深思熟慮的原則、撰寫反對皇室政府和壓迫的小冊子時，他們用的是希臘和羅馬的筆名（既是在發出挑釁又是為了自我保護）。所採用的特定筆名告訴了讀者他們的立場：「布魯圖斯」可能會比懷着立憲思想的「西塞羅」更贊成採取直接行動。數個世紀以來，關於希臘城邦（公民國家）與共和時代的羅馬的記憶，一直縈繞在西方人的腦海中，對一些人來說是真正的恐懼，對其他人則是不確定的希望。以往做過的事，可以再做一次。總是有必要記住的是，我們正在考察的這個詞，在大部分人類歷史上的大多數社會中都沒有任何意義；現代世界的多數政府都認為有必要自封為民主，其中有許多卻觸及或越過了歷史上這個詞所有主要用法的外限。

我樂於接受寫作本書帶來的挑戰，畢竟簡短地書寫，並且盡量簡化而不扭曲一個無比重要又極為複雜的主題，要比長篇大論更為艱難。因此，這裏要作一個雙重提醒。在正文中，三個不同的故事（或敘述）不得不齊頭並進，我會在最後小心地加以理順，並讓它們彼此關聯起來。民主可以是政制的原則或學說；民主可以作為一套制度安排或憲政手段；民主也可以作為一種行為類型（比如說，既與慣於服從又與不善交遊

圖 1　德拉克洛瓦的《自由引導人民》

相對)。它們並不總是一起出現。例如,票選領導人是一種民主手段;但是在高度專制的教會中,許多中世紀的修士選舉出了本修道院院長。如果酋長在戰役中死亡,維京人的戰團將選出新的首領,而霍拉肖告訴我們,哈姆雷特臨終前想投票支持福丁布拉斯當丹麥的國王(「不是我們在英格蘭怎麼做」,而是伊麗莎白時代的聽眾顯然聽說過選舉君主制這樣的怪事 ── 不需要節目說明或喜劇歌隊來告訴他們)。第二個提醒是,直到最近,民主含義的歷史一直與「共和國」以及「共和國的」含義難分難解。

羅馬共和主義傳統在16世紀和17世紀得到了復興(馬基雅維里在《李維史論》中大力倡導並詳細剖析),並且在美國革命和法國革命中成為鼓舞人心的觀念。按大多數人對民主的理解,這種傳統並不「民主」,因為它堅決否認每個人都適合投票,並給出了一些很好的理由;但從某些意義上來說,它比今天的許多人能夠坦然接受的都要民主,因為它強調所有公民都有義務積極參與公共生活和國家事務(學者們稱之為「公民共和主義」)。今天,我們傾向於認為,只要願意我們都有權利這樣做,如果不願意,偶爾也可以不這樣做,國家會提供法律來保護我們的個人自由(學者們稱之為「自由主義」)。但是,正如我們將會看到的,把這種「下滑」(或者說是一種廣泛的信心,即我們可以把這一切全部交給別人)僅僅歸因於20世紀後

期的消費社會，即戴卓爾主義，或者歸因於對市場經濟的奉若神明是錯誤的。其根源要更為深入，關係到「民主」和「自由」兩詞及其相關實踐的含混之處的本質。邦雅曼・貢斯當於1819年在《古代人的自由與現代人的自由》一文中寫道：

> 古代人的目的是在同一個祖國的公民之間分享社會權力，這就是他們所說的自由。現代人的目的是享受私人歡愉中的自由；他們把自由稱為由公共機構為這些歡愉所作的保證。

這種矛盾以現代外衣修飾後便是我的結論，不過我還是希望有一個足夠歡喜的結局，讓我們兩種自由都能享受到，但前提是我們必須研究兩種自由作為獨立的實體如何能夠共存，而不是融合 —— 經由花言巧語融合，從而危險地混為一談。

第一章
言詞與行為

「太初有言。」

為何現在我已動彈不得。我必須改變：如何做到？

……

魔鬼說話了！我知道它必定是如何讀的

並醒目地寫道：「太初有為。」

(歌德《浮士德》)

　　「民主」這個詞翻譯起來沒什麼困難。它是從希臘語中幾乎完好無損地進入各種主要語言的。由於誤譯《約翰福音》偉大的第一行造成的戲劇性提示，魔鬼靡菲斯特無疑使浮士德攤上了真正的麻煩。[1] 哦，真是悲劇，一味追求新奇，而不是堅守有益的古老真理！但是，一貫神聖的「民主」一詞會引起足夠的麻煩，因為它在被翻譯進不同的文化中時，對所有人來說都可以表示任何含義，並且它的絲線能夠出於不同的目的而隨意編織。

　　鑒於有些讀者或許仍然希望民主有一個核心的意

1　《約翰福音》中的譯法是「太初有道」。——譯注，下同

義或明確的定義，我還是立即說明這一點吧。語言和社會組織都不是這樣的。已故的 S. E. 芬納於 1962 年寫了一本書，名為《馬背上的人》（*The Man on Horseback*）。他列出了幾位大軍事獨裁者「用來文飾政權」的六個官方名目：

納賽爾：總統民主

阿尤布汗：基本民主

蘇加諾：受引導的民主

佛朗哥：有機民主

斯特羅斯納：選擇性民主

特魯希略：新民主

嘲笑這種狡猾的機會主義誰都會，但我想說的是，一般來說雖然其中三個近於純粹的專制，幾乎完全依靠暴力和恐懼，另外三個卻至少受到多數國民的普遍歡迎。

而芬納所寫的還只是軍事政權。蘇聯及其同盟國或傀儡國家都極為認真又自豪地自稱為「人民民主國家」。他們認為，工人階級應該得到解放，在革命過渡時期統治其他階級，直到實現無階級的社會，由人民來統治，即民主。無論實際執政的精英對於異見如何不加容忍，無論他們如何壟斷和濫用權力，他們是通過大眾的力量和不滿而起家的，並且最終要依靠大眾的支持，正如蘇聯帝國的失敗所愉快證明的——

「愉快」的意思是説，如果你不僅關心以多數同意表現的民主，而且關心自由和人權的話；或者，如果你自鳴得意地相信自由和民主是不可分離的雙胞胎的話。它們應該是，但現實中不是。當然，所有人都可以嘲諷軍事政權和其他政權對「民主」的歪曲，畢竟大多數人都確信自己生活在民主國家，並用這個詞來表示幾乎所有想要的東西——「一切鮮亮而美好的東西」：民主作為公民理想，作為代表制度，作為生活方式。若要對這個詞進行定義，許多人會回答「多數人統治」；如果受到質疑，比如在蘇格拉底式對話或研討會上，他們又會稍微調整一下，更務實地説是「多數人同意」。但是，很少有人甚至想要在任何情況下都把民主等同於正義或權利。比如，以死刑問題為例。由於各種原因，英國政客們無視支持死刑的輿論。如果説我們是民主國家，那也是一個議會制民主國家。從多數主義觀點來看，美國政治家要「民主」得多。所以，某個社會或政府體系要稱得上「真正」民主，還需要一些限定條件。

有人説民主實際上意味着自由，甚至意味着自由主義或個人主義：法律必須保護(民主的)個人不受(民主的)國家侵害。托克維爾部分地誤讀了19世紀早期的美國，認為民主幾乎是平等的代名詞；在暢銷書《勝利的民主》(*Triumphant Democracy*)中，安德魯·卡內基則用它來讚頌高度流動的自由企業和財富懸殊的市

場社會，認為一切都無可厚非，那是從進化鐵律造就的天賦中來的。1930年代，歐內斯特・貝文曾在一次工會會議上說，少數派在投票後繼續對多數派的決定提出質疑是不民主的；他的一個兄弟咄咄逼人，同樣真誠又令人困惑地回復他：民主意味着他可以說出自己喜歡什麼、如何喜歡、何時喜歡，即使有違運輸和普通工人聯合會中的多數意見——該聯合會在當時很有話語權。或者說，民主可以被看作一種政治制度，甚至把自由選舉出的(因而是民主的)政府也置於憲政約束之下(最受青睞的用法，但是在歷史上不可信，往往只是純粹的修辭)。與「憲政民主」相對的，是「人民主權」或「公意」的觀念，它們高於由法學家解釋的形式上的憲法約束。對於某些人來說，民主只不過是「一(男)人一票」(當然，現在也包括女人)；在此基礎上，其他人還要滿懷希望地加上「基於真實選擇」。廣義而言，民主涵蓋這些用法中的大多數，可以被看作一套能夠接受的制度的配方，或者看作一種「生活方式」，在此方式下「民主精神」至少變得與制度的特殊性一樣重要。因為有些人認為，這種生活方式的標誌實際上在於行為而不在於言詞：人們在交友、說話、穿衣和娛樂方面民主地行事，在對待其他所有人時就好像他們是平等的。

我們過去常聽到善意的自由主義者說：「至少，共產主義者自稱是民主的。」麻煩在於，他們的民主

是在一種合理的歷史意義上說的，那時多數人同意以一種總體上得人心的方式被統治，與舊式專制政體不同，這種類型的政權需要動員大眾並激發他們的熱情。這些政權不再受農民社會中權力精英那古老而近於普遍的公理的約束，「不自尋麻煩」。正如在丁尼生的詩中，那個農民說在硬幣的另一面，「人們來來往往，而我永在臺上」。現代專制政體和偉人們對民眾提出了新的要求，並且需要獲得他們的同意，無論是自然的還是誘導的。

所以我們不能直接得出結論，說存在着「真正的民主」，由表現為代議制政府、政治正義、平等、自由和人權的善治天然混合而成。因為，除非在組合時加以細緻測量和監控，這些揮發性成份會不時地反復無常。「善治」或「社會正義」是否明確是民主的，哪怕是在最嚴謹的自由主義意義上？可能不是。托克維爾於1830年代寫到了民主的必然來臨，但是也提醒人們警惕「多數人暴政的危險」。呃，或許他關心自由甚於民主。但是，就連托馬斯·傑斐遜也在晚年說過：「選舉選出專制並不是我們奮力以求的目標。」在美國最高法院長期捍衛公民自由的奧利弗·溫德爾·霍姆斯曾嘲諷道：「民主正是群氓所想要的。」約翰·斯圖爾特·密爾，《論自由》和《代議制政府》兩部偉大當代著作的作者，後來認為每個成年人（是的，也包括女性）都應該有選舉權，但前提是接受

了中等義務教育並有時間消化教育內容。今天，美國和英國的政治變得越來越民粹化，即訴諸輿論，而不是訴諸連貫政策的合理概念。政治領導人會高聲叫喊「教育、教育、教育」，但是由於他們操縱媒體、語出驚人且口號煽情，而不是合乎邏輯地公開辯論，密爾想必很難承認他們受過民主的教育。我們的媒體現在則將公眾碰巧感興趣的東西，與「公共利益」的那些舊觀念加以混淆或虛假地混為一談。

「民主」可能是一個混雜的、往往純粹是修辭性的詞語，無疑並非一種在任何情況下都能涵蓋或壓倒一切其他價值的單一價值，但我並不是說我們生活在「瘋狂茶會」的世界裏，在那裏詞語「就是我說的意思」。限制是存在的，但這些限制是要回溯歷史，從「民主」所附着的四個寬泛用法或一組意義中來尋找。對此我們必須簡要地加以考察，因為它們位於人類文明的源頭，並有望繼續保持着文明，甚至可能(如19世紀所希望的那樣)取得進步。考察它們時，必須意識到我們是在談論一種理想或學說、一種對待他人的行為方式，還是某些制度安排和法律安排。民主所指的可以是所有這些的整體，也可以單指其中的每一個。

第一種用法是在希臘人當中發現的，在柏拉圖對民主的攻擊和亞里士多德所作的出色辯護中：在希臘語中，民主(democracy)就是*demos*(暴民，多人)加

kratos，即統治。柏拉圖斥之為窮人和無知者對有文化的人和知識淵博者的統治。他所作的關鍵區分在知識和輿論之間：民主純粹是輿論的統治，更確切地說，是輿論的無政府狀態。對於這個觀點，亞里士多德沒有完全駁斥，而是進行了修正：善治是各種元素的混合體，由少數人經過多數人的同意而統治。少數人應該擁有 *arete*，即卓越品質，那是理想化的貴族觀念。但還有更多的人是憑藉一定程度的教育和一定數量的財產(他認為這兩者都是公民資格的必要條件)獲得公民資格的。然而，民主作為一種不受經驗和知識這兩項貴族原則限定的學說或理想，是一種謬論，即相信「由於人在一些方面平等，他們便處處平等」。

第二種用法出現於羅馬共和國、馬基雅維里偉大的《李維史論》、17世紀英國和荷蘭的共和主義者，以及成立初期的美利堅共和國：和亞里士多德的理論一樣，認為善治是混合政府，但民主的平民元素實際上可以為國家賦予更大的力量。用善法來保護所有人還不足夠好，除非臣民變成積極的公民，集體制定屬自己的法律。這個論點既是道德方面的，又有審慎的一面。其道德主張更為人所知：羅馬異教和後來的新教有一種共同的觀點，認為人作為活躍的個體，生成和決定着事務，而不僅僅是傳統秩序的接受者，守法又乖巧，也不是傳統秩序的附庸。但審慎的主張總是存在的：受人民信任的國家更為強大；公民軍隊或民

兵比雇傭軍或謹小慎微的職業士兵更有動力保衛自己的家園。

第三種用法出現在法國大革命的修辭和事件，以及讓–雅克·盧梭的著作中。每一個人，無論教育程度或財產狀況如何，都有權在公共事務上讓自己的意願為人所知；事實上，任何善良、單純、無私、自然的普通人，從自己的經驗和良知出發，都比受到過多教育、生活在上流社會遠離自然狀態中的人，能更好地理解公意或共同利益。現在，這種觀點可能與階級或民族的解放大有關聯，無論是從壓迫、無知還是從迷信中解放出來，但它不一定與個人自由有關聯或相一致。（記住，在歐洲的18世紀和19世紀，大多數關心自由的人根本不自稱民主派，而是自稱憲政派或公民共和派，按英美人的說法即輝格黨。）

民主的第四種用法出現在美國憲法、19世紀歐洲的許多新憲法以及第二次世界大戰後西德和日本的新憲法中，也出現在約翰·斯圖爾特·密爾和亞歷克西·德·托克維爾的著作中：只要關心（關心是應該的），所有人都可以參與進來，但是必須在限定、保護和約束這些權利的調節性法律秩序中，彼此尊重同胞的平等權利。這就是今天美國、歐洲、英聯邦和日本等地大多數人通常所說的民主，我們不妨稱之為「現代民主」，在理想狀態中，它是人民權力觀念和受到法律保障的個人權利觀念的融合（不過，在很多情況下

其實是混淆）。兩者確實應該結合起來，但它們是不同的觀念，到頭來有可能在實踐中相互矛盾。有可能存在不容異議的民主國家和相當寬容的專制國家，事實上也的確存在着。在以工業、大眾特許經營和大眾傳播為特徵的現代時期，我們會發現，很難把自由與平民權力結合起來。

民主和政治（political）統治，以及後來出現的通過公民之間的政治辯論來進行治理的傳統，發端於希臘城邦（polis）和古代羅馬共和國的實踐和思想。如此看待「民主」的歷史以及現實中的各種變化用法，並不是目光短淺的歐洲中心論，或者更確切地說，希臘–羅馬中心論。歷史事實就是如此。偉大的帝國（在任何用「歐洲」指稱的陸塊區域或地理心態之外首先興起的大規模國家形態）和普世的一神論宗教出現於中東和亞洲，現代科學和民主的各種觀念和實踐則是在歐洲首先出現的。無疑，科學、宗教和民主在傳播過程中都會採取不同的形態，既影響着不同的歷史文化，又反過來受到它們的影響。

第二章
啟程處

我們不會停止探索，所有探索結束的地方將在到達
啟程處的時候，並且是生平頭一次知道這個地方。

(T.S.艾略特，《小吉丁》)

現在回到「民主」這個詞上來。《牛津古典詞
典》（*The Oxford Classical Dictionary*）告訴我們，這個詞
首先出現在公元前五世紀與前四世紀之交，彼時雅典
的多次叛亂已經推翻了一個僭主王朝。這個詞的意思
是*Demokratia*，即人民（*demos*）的統治（*kratos*）。「僭主
制」（Tyranny）本來僅指一人統治，他不一定是當代
意義上的壓迫者，通常是王位的篡奪者；個體的僭主
可能是好的，也可能是壞的，或者沒有那麼壞。儘管
如此，僭主還是被城邦中為數眾多的居民所推翻，後
者已經開始認為自己是國家的公民（*polites*），即擁有合
法權利，包括有權發言，有權在事關政體（*politeia*）共
同利益的事務上被聽取意見，成為商討對象。在《安
提戈涅》中，當安提戈涅的表兄海蒙為她能夠得到赦
免、保全性命而與統治者克瑞翁爭辯時，索福克勒斯

寫出了這個過渡時期的緊張狀態。她做了什麼？每個小學生曾經都知曉。她違抗克瑞翁的命令，也違反叛徒的屍體應該曝露給禿鷲和狼群、不能按慣常儀式體面收葬的法律，埋葬了身為反叛者的哥哥波呂涅克斯的屍體。

> 克瑞翁：這麼說她沒有違法？
>
> 海　蒙：你的同胞不會把這項罪名加給男人。
>
> 克瑞翁：城邦想要教我如何統治？
>
> 海　蒙：哦，這是誰啊，現在說話像個孩子？
>
> 克瑞翁：除了我，難道還有誰能在這個城邦發號施令？
>
> 海　蒙：如果只聽命於一人，就不是城邦。
>
> 克瑞翁：但是按照慣例，支配權屬於統治者。
>
> 海　蒙：你獨治一片荒原會很出色。

我們仍然在使用城邦的語言，事實上幾乎所有的政治詞彙，包括古代和現代的，都出自希臘或羅馬：獨裁、暴政、專制、政治和政體、共和國、參議院、城市和公民、代表，等等；幾乎是全部，只有一個例外，一個只屬現代的可怕發明，既是詞語也是行為企圖，即「極權主義」。在工業時代之前，這是一個不為人知也無法想像的概念，若不是民主作為多數人的權力而得到發明和傳播，這個概念本來也不可能產生。專制君主和暴君主要依賴於被動的人群；他們不

需要集體動員，況且讓農民集體放棄土地耕種既不容易也不實際，即使放棄，農民在戰爭中也沒有多少用武之地。拿破崙後來說：「未來的政治將是動員民眾的藝術。」只有工業化和現代民族主義才創造了這種必要性和可能性。

民主：挑起戰端的詞

如果說對我們來說「民主」幾乎總是「好事」，即使有時對所有人來說都有點模糊，那麼對希臘人來說，它從一開始卻是一個劃分派別、挑起戰端的詞，把人按治理學說和社會階層區分開來。貴族派別發起過反政變，來對抗治理國家的民主方式，這些派別的鼓動者和同情者數個世紀以來都沒有把demos視為表示敬意的「人民」（如數個世紀後的貴族查爾斯·詹姆斯·福克斯將在法國大革命初期舉杯祝酒：「獻給我們的主人，人民」），而是視其為暴民，即無知而報復心強的群眾，那些一貧如洗、受不起教育，因而不適於參加公共辯論、擔任公共職務的窮人；以及那些太容易隨煽動者搖擺，被對方拿空洞的許諾換得權力的人。柏拉圖在他的對話集中用惡語公開指責民主是讓輿論統治著知識；只有那些對事物的本質有哲學認識的人才適合統治 —— 如果我們從字面上解讀柏拉圖（是否應該如此解讀還有待商榷），那麼除了在僭主或

國王那裏，這種觀點基本上不受待見。總體來說，柏拉圖嚮往的是品質卓越和個人完善這類理想化的貴族美德。

民主的根本理想是自由 (eleutheria)。這種自由既是參與決策的政治自由——實際上幾乎是義務，又是在一定程度上按自己的意願生活的個人自由。最重要的自由是在公眾集會上為公共利益發聲的自由，以及在家庭隱私狀態或討論會 (symposia)，即男性的社會討論俱樂部中自主發言和思考的自由。平等受到推崇，但那是法律和政治上的平等，絕不是經濟平等 (除了在一些諷刺戲劇和喜劇的狂想中，甚至是女性集會上女性之間的平等)。此外，還有城市本身免受外部征服的集體自由。作為整體的希臘人以身為自由人 (eleutheroi) 而自豪。他們不僅作為集體是自由的 (實現這種自由經歷了一些困難，最明顯的是來自波斯諸帝王的支配)，而且認為自己作為個體在道德方面優於他們所謂的野蠻人 (barbaroi)，原因就在於，野蠻的波斯人無論多麼見多識廣，都不享有自由的政治和民主。這是一種文化差別，而不是種族差別，是自由人的文化與專制主義臣民的對立。

貴族統治的難處和弊端都很多。主張在治理活動中由明智而經驗豐富的人來統治，存在明顯的缺陷。亞里士多德在演講集《政治學》以及關於政體的研究中指出，貴族製作為一種理想，太容易要麼淪為寡頭

圖 2　在英國發現的女神密涅瓦的頭部。密涅瓦是雅典城邦的守護神和庇
　　　護者帕拉斯·雅典娜在羅馬的化身

制，即權勢者的統治，要麼淪為富豪制，即富人的統治。然而，政治和良好的治理活動都需要技巧和智慧。最好的答案就是找到某種中間道路：少數人經由多數人的同意進行統治，即「輪流統治和被統治」。無論如何，少數人的統治總是需要安撫多數人，尤其是為了國防和戰事。用雅典人的話來說，要有人為三列槳大戰船劃槳，並且既樂意又純熟；鬱鬱寡歡的奴隸或趨炎附勢的雇傭軍無法勝任這項工作，它屬捍衛自己的城市，或者積極擴張城市力量的自願公民。

• • •

民主的兩張面孔

不過，民主制度也有屬自己的困難，即使雅典人將民主擬人化為女神，並把她與庇護者和守護神雅典娜處處放在一起獻祭。讓所有有發言權和投票權的人（數以萬計，雖然在一座城市的實際居民中總是少數——婦女、青年、外邦人和家奴總是在數量上佔優勢）都加入進來，則意味着冗長的數字、無盡的會議以及公職的頻繁輪換。我們現在稱之為「直接民主」，與之相對的是當代的「代議制民主」，此時大多數人所要做的不過是選舉代表，其時間間隔在希臘人看來漫長得有些危險。希臘人的社會就是所謂的「面對面社會」。事實上他們認為，除非在相對較小的城邦中、每個人都熟知事態的情況下，民主是不可能實現

的。亞里士多德甚至說，城市不應該大於「傳令官
（stentor）聲音所及的距離，這樣傳令官或公告員的聲音
就能從城市的一邊傳到另一邊；也不能大得讓每個公
民無法知道所有其他人的性格」。（今天，我們通過電
視來瞭解龐大社會中的其他人。）亞里士多德可能認
為，即使是雅典在愛琴海一帶培植的由更小城市組成
的小帝國，也是導致他們失敗的原因。

然而，民主的理想是清晰的，對這種理想的一次
偉大陳述歷經數個時代流傳了下來，久久迴盪，此即
伯里克利演說。伯里克利在演說中向雅典同胞讚頌他
們的民主，由修昔底德在《伯羅奔尼撒戰爭史》中記
述下來。曾經有一段時間，在整個歐洲和美國，連同
在南美洲和中美洲新成立的共和國中，每個小學生都
至少知道其中的段落。對經典作品的研究很少是政治
中立的，往往也絕不是反動的。

　　任何人，只要在他自己的身上有能為國家所用的東
　　西，就不會因為貧窮而在政治上默默無聞。一如
　　我們的政治生活自由而開放，在人與人彼此的關聯
　　中，我們的日常生活也是如此。如果鄰居以自己的
　　方式自得其樂，我們便不會與他關係緊張，也不會
　　對他怒目而視，這樣的注視雖然不會帶來真正的壞
　　處，卻會傷害人的感情。我們在私生活中自由而寬
　　容，在公共事務上卻謹守法律。原因在於，它要求

着我們內心深處的敬意……在這裏，每個人不僅對個人私事懷有興趣，也將國家的事務放在心上：即使是那些大部分時間都在忙於自身事務的人，對於一般政治也極為瞭解──當代的一個怪異之處在於，我們不說一個對政治毫無興趣的人會把自己的事放在心上，而是說他在這裏毫不相干。而我們雅典人，親力親為，對政策做出決定或提交給適當的討論：我們不認為言詞與行為互不相容，最糟糕的事情是在對後果未作恰當討論之前，便貿然採取行動……

是的，的確，「只要在他自己的身上有」。對婦女之平等地位和奴隸制之極度不公的堅定而有效的信念，又用了兩千年甚至更久的時間才被廣泛接受，而且還不是普遍接受；但是，解放要求的是在現有民主（儘管語義含糊）中擁有平等權利，不需要改造或拒絕民主；實際上，19和20世紀的改革者，無論男女，都使用了民主的論據。不過，請注意兩點。的確，「我們謹守法律」。不言而喻的是，漠視秩序的人沒有自由。但是古希臘人的「法律」觀念對我們來說似乎很陌生，實際的含義他們自己有時也弄不清楚。正如伯里克利的演說可能暗示的，他們認為，公開的公共討論和辯論之後所給出的同意無法帶來對法律的服從。畢竟，最重要的或者說基本的法律是城邦本身的傳統，往往歸於奠定傳統的神話人物，並在城邦守護神

的傳說中被人格化。這些正好構成了城邦的身份。主張改變這些法律會被視為可怕的罪行，幾乎就是在提倡從身份、歷史和神聖性方面集體自殺。當然，城邦管理的法律或規定必須經過公開辯論才能通過，為了城市的存續和福祉及其基本法律的緣故，也可以加以改變。埃德蒙・伯克從現代眼光來看是保守的傳統主義者，他在1780年代有過一句名言：「為了保存，必須改革。」這句話點出了同樣的差別，儘管其界限本身一直沒有定論、一直可以爭論，且往往含糊不清。但是，難道我們不是焦慮地、往往也是難有定論地在討論，是否應該把民主權利賦予那些威脅民主的人？通常的答案是試圖再次區分言詞與行為。言詞可能煽動人心、滿懷仇恨，而某些暴力行為雖然讓人不快，卻主要是象徵性的；例如示威活動，雖然具有一時的破壞性，卻不足以威脅一般的法律和秩序，或者像古代城邦的人們那樣顛覆政權。就語言來說，一如在老地圖上，即使沒有精確繪製邊界藩籬，邊境也是足夠真實的。

然而，關於坦誠又務實的伯里克利演說必須承認的是，如歷史學家們告訴我們的，伯里克利屬一種民主的獨裁者。希臘人對此有一個稱謂，即煽動家（demagogue）。不妨考慮一下，為了激發人們支持自己，這位精明的政治家和機敏的煽動者認為有哪些話不得不說。伯里克利為這些人呈現了一幅關於他們自

己的理想圖景。他利用了雅典平民的心態，這種心態是民主的，必須在這些方面加以引導或誤導。

民主與政體

然而，修昔底德的另一個故事講述的卻是不受控的民主和無節制的階級戰爭，他含蓄地把雅典在雅典與斯巴達及雙方的盟友、殖民地和傀儡國之間曠日持久的戰爭中的潰敗歸因於此：「那時革命在一座座城邦接連爆發」，「狂熱成為真男人的標誌」，城邦之間和城邦內部甚至家庭內部的血腥復仇成為一時的風尚。「由於這些革命，整個希臘世界出現了品格的普遍墮落。以簡單方式看待事物本來深刻地標誌着高貴的本性，現在卻被視為荒謬的品質，很快就不復存在了。」他對克基拉島的騷亂和屠殺的描述，後來幾乎與伯里克利的演說一樣廣為人知。「我們那高貴的祖先」讀的是經典作品，知道民主會以這樣或那樣的方式產生吸引力。我們也很容易想到，如果民主的吸引力產生於暴力復仇這條路上，它就不可能「民主」，或者我們召喚的不是女神，而是一個形容詞，比如「真正的」民主。

所以，我很遺憾地告訴美國許多大學教科書的作者，亞里士多德不能作為「民主政治思想之父」來援引。他意識到了無節制的民主帶來的種種困難。他看

到了三種基本的政體形式，每種形式都有理想型的和腐敗型的。君主制是單個人的統治，君主必須完全公正，否則這種統治就會墮落成暴政（在希臘的本體論中，完全正義的人只能是神，所以非常可疑的是，亞里士多德竟會認為這是可能的）。貴族制字面意思是由最優秀的人來統治，但往往墮落為寡頭制（少數人統治）或富豪制（富人統治）。民主制意味着許多人的統治，但往往墮落成無政府狀態。如果統治者得到人民的信任，如果能夠通過自由的公開辯論讓人民追隨、最好是他們就從人民中產生，那麼國家就會無比強大。但是，國家需要受過教育的精英，他們擁有的不是柏拉圖想像的絕對知識，而是一種融合了教育和經驗的實踐智慧。所以，民主是善治的核心要素，但它本身未必能帶來善治；也不是絕無可能，但極為困難。在亞里士多德看來，民主原則就其本身來說是虛妄的，這種原則「相信由於人在某些方面平等，所以處處平等」。如果現實中只能在貴族寡頭制和民主之間選擇，那麼他青睞民主。不過，在城邦中具有影響力的貴族因素的優勢在於，擁有適度的財產便有閒暇，有了閒暇便能接受教育、追求知識，而如同科學和商業需要知識，治理活動也需要知識。托馬斯·霍布斯一度呼應亞里士多德，聲稱「閒暇是哲學之母」。

所以亞里士多德教導說，把貴族在知識上的美德與民主的力量和輿情融合在一起，能產生有可能實現

的最好國家。如果需要取一個名字（如果很難客觀地確定某項政體是貴族制還是民主制，國家就很可能是健全的、公正的、良好的），那就是理想國（*politeia*），一種城邦或政體：一個以政治方式而不是專制方式決策的國家。但是，一個政體必須尊重現實國家中所有人，而不僅僅是民主的多數的利益。亞里士多德說，在對話錄《理想國》中，他的老師柏拉圖犯了一個錯誤，試圖把城邦裏的一切都統為一體；現實是，「存在某個點，在這一點上邁向一致的城邦將不再是城邦……這就好像你要把和諧變成純粹的一致，或者把一個主旋律歸結為單一的節拍。事實是，城邦是許多成員的集合」。

因此，儘管民主是希臘政治生活，也即自由人（與野蠻人恰成對照的自由人）的生活中極其重要和獨特的因素，它仍然只是後來學者們所稱的「混合政體」，或者羅馬人所稱的*via media*（共和政體的中庸之道）的元素之一；它是部分而不是整體，在日常生活倫理和政治生活中都是如此。正如我們將要看到的，近至20世紀初，英美兩國的政治家和政客們才能辯論其政制和政治體系中的民主因素是太多還是太少。若把整個制度稱為「民主」，會被視為要麼是不切實際的極端主義，要麼是徹頭徹尾的誤導。有些人可能仍然會同意這一點，即使是出於不同的原因。亞里士多德說：「我們發現梭倫［雅典法律的傳奇創立者］賦予人民

兩項一般性職責，即選舉司法行政官(magistrate)任職以及在任期結束時加以問責，但沒有賦予他們以個人身份直接擔任職務的權利」──這一界限在他的時代已經不再持守了。現在看來相當奇怪的是，他還說選舉任職是一項貴族式或寡頭式的政制手段，因為人民投票支持的要麼是最優秀的人，要麼是最富有和最有權勢的人，而民主制是以抽籤的方式遴選國家官員。奇怪嗎？現代國家的民主選舉權很少能避免一種局面，即產生一個由掌權者構成的政治精英群體。當選的成員之所以當選，不是因為他們必然屬人民，而是出於更為世俗的原因，即他們想要當選，能在晚上參加很多的政黨會議和社會活動；在某些國家，與金錢開道和提攜庇護相比，甚至連這一點也算是理想的圖景了。也許現代民主國家所能希望的最好局面不是避免產生政治精英，而是如約瑟夫‧熊彼特在《資本主義、社會主義和民主》(1942)中所指出的，避免「精英的輪流坐莊」。我們難道不認為，通過抽籤而不是選舉、任命、申請或考試的方式來遴選陪審團要更為公正？

無論我們如何解析民主的起源(及其含糊之處)，如果沒有公民階層對公共事務的極度投入，在缺少官僚機構又要不斷進行職務流轉、不是屈從於內部崩潰而是實際上被羅馬的軍事征服壓垮的情況下，希臘的城邦政體不可能延續那麼長時間。希臘人相信公民身

份是生而為人最為崇高的目標，而所謂不朽，就是因服務於城邦而被銘記。不朽的諸神已經創立了城邦，在危難之際保存了這些城邦或者創立了新城邦的凡人，在死後加入諸神之列，變成了半神半人。希臘人認為，人與神之間在實質上沒有什麼絕對的或本體的差別是無法通過為國家服務來彌合的。個人在道德上的最高美德是卓越（arete），一種思想和行動的混合，不能少了其中任何一樣。荷馬把卓越賦予阿喀琉斯，讓他作為「行動者和言說者」，因為他以人獸參半，因而半懷理性、半懷強制力量的怪物卡戎為師。在此看不到現代觀念的蹤跡，即所有人都有內在的權利：權利只能通過做一個積極的公民才能獲得，無疑不同於坐享其成的現代消費者式的民主。然而，對於那些沒有贏得公民身份，或者像女人一樣被視為無力承擔公民義務的人來說，這又是殘酷的。

對政治生活的本質、目標、道德和界限最深刻的思考來自希臘。但是，正如人們曾經說過的，當「我們那些高貴的先人」，包括17世紀中葉的英國議員、蘇格蘭的神聖盟約派、荷蘭人、美國人以及法國共和派，當他們聲稱政體不一定非要是獨裁制或君主制並且實際推翻了這樣的政體，再往後回溯、證明可能存在更好的政體形式時，是回到羅馬而不是希臘。他們稱這些形式和原則為「共和」。希臘民主作為範例在理論上看起來比實踐中要好得多。民主的敵人們也可

以在修昔底德等人所描繪的流血殺戮和無政府狀態，而不是在亞里士多德的溫和說理中找到動人的故事；亞里士多德發現在一個政體中，民主因素是正義和善治的必要條件，卻不是充分條件。

羅馬共和主義

早期羅馬城的居民也把自己看作由人和諸神構成的神聖社群，諸神秉持着相當程度的干涉主義態度。由於某種原因，諸神幫羅馬居民除去國王，讓他們成為公民。羅馬人也講求屬自己的「卓越」，他們稱為德性（*virtus*），如果翻譯成現代道德意義上的「美德」就會誤導人們：這是一種特定的德行或要素，公民要想去做保存、擴張和榮耀國家所必需的任何事，都要擁有它。

無疑，相比於「美德」，它更接近於「勇氣」；它無疑來自拉丁語中用來形容男性的 *vir*，相當於我們所說的男子氣，而不是具有美德。幾乎單從定義上來說，女性就外在於政體，即現在人們眼中的共和國（*res-publica*），公共所有的東西。當然，在當時「共和的」意味着絕對不會再有國王，但也意味着把各個階級統合在一起的政制信念。在共和國早期的不同時段都有過階級之間的戰爭，但從來沒有像在希臘那樣，長期被普遍視為民主制與貴族制之爭，就好像它們是

可能的、絕對的選項；相反，它們關乎議員階級和平民(populus)之間在共和國中的權力平衡。作為一個軍事國家，他們實現了相互依賴；這個國家先是遭到威脅，隨後又日益威脅他人，不斷地征服和擴張、成為帝國，即一種文化統治其他文化。軍事技術與公民身份密切相關。羅馬人研製出的高度複雜的戰術和調度，不僅要求嚴格的集體紀律，還要具有高超的個人技術。貴族是與兵士並肩作戰的軍官，而不是脫離眾人、坐在馬背上的高等人；普通士兵都是匠人，而不像裝備落後的農民那樣，仰仗着人多勢眾。很難說哪一個是因，哪一個是果：對於武裝平民，或者是不得已而為之，或者是由於他們值得信任。貴族必須至少在那種程度上保持平民特徵。軍隊和羅馬本身的城市暴民，都要被整合到政治共同體之中。與迦太基之間漫長而絕望的戰爭最終鞏固了這一聯盟，並且在羅馬人與希臘學者開始書寫歷史時，讓羅馬人把以下這一點視為自身力量的關鍵因素：「混合政體」，既不是純粹的貴族制，也不是純粹的民主制。波里比阿把羅馬政制描述為「元老院動議，平民議決，司法行政官執法」。

然而，這種做法是共和主義愛國熱情與苛刻又往往殘忍的貴族現實主義的有效混合，一如簡潔申明於軍團徽章，並銘記於所有軍事補給上的文字：「SPQR」(*Senatus Populusque Romanus*)，即元老院和羅

圖3　19世紀畫像，哈德良長城上的一位百夫長。立柱上的字母
　　「SPQR」意為「元老院和羅馬人民」

馬人民；該聯盟是他們支配鄰國的權力基礎。這讓他們感到恐懼，認為外部干預無法將貴族與平民區分開（儘管有科利奧蘭納斯的故事），正如希臘內戰在很大程度上表明的。西塞羅在他的名言「權力屬人民，權威屬元老院」（*potestas in populo, uctoritas in senatu*）中，以官方口吻過濾了其中的不當內容，使其成為憲法的一種準則；他說，這樣的準則將確保實現溫和、和諧的制度。不過，他一定也知道，這是在法律上以漂亮、委婉的方式陳述一種同時也很冷酷的政治謹慎的現實原則。元老院以及獨霸元老院的貴族階級，其權威的來源在於，他們從未忘記，權力歸根結底屬羅馬城的人民。人民無法集體統治，卻可能把政府推倒。遵奉這條基本準則的主要政制手段，是設立護民官（tribune），即由平民選出的司法行政官。在共和國早期，他們的權威來自與人民在一種民主集會，即平民會議（*concilium*）中的實際會面，但後來集會不再按時舉行，最終完全停止了；毫無例外，由人民選出的護民官必須出自元老院的階級。不過，護民官有否決權。人們認識到，除非帶上人民一道，元老院的任何命令從政制上來講都不合乎體統，在現實中也不可能有效。於是，那些想要當選護民官的貴族，就必須成為煽動家，或者能夠扮演煽動者的角色。他們的權力通常僅限於單獨的一年任期，但如果沒有人願意冒險質疑，這條規則有時會被放到一邊。

執政官(consul)是任期一年的官員，不過在此期間，他們可以運用元老院的權威，這項權威能轉而在公法上限制他人，本身卻沒有限制：他們行使着以前那些國王擁有的最高權力(imperium)，或者説整個國家的集體權力。公民通常受到已知的法律以及合理公正的司法制度的保護，最高權力卻可以凌駕於一切之上。塔克文王朝的國王們遭到殺害或罷免後，最高權力或絕對權威並沒有終止，而是由元老院和執政官代表整個共同體行使，儘管有可能被護民官否決。外交政策是元老院的事，除了某幾次廣為人知的例外，不受平民控制。因此很寬泛地説，羅馬政制更接近於18世紀英國的議會主權觀念，而不是法國的人民主權觀念或美國對政府的憲政約束觀念。共和主義精神是城市(civitas)市民(cives)的精神。與議會尚未改革前的英國議員一樣，元老院議員可能擁有大量地產；但是在元老院，他們身處這個城市及其狂暴的公民中間，有時還是字面意義上的包圍。

作為一種共同的文化價值，最高權力不僅在羅馬內部攜帶着權威兼力量(僅僅出於政治上的審慎才有所節制)，也能對外部，即向他們戰勝的國家或那些冒着危險尋求他們保護的國家絕對地主張權威。最高權力也是羅馬人的某種自信或打不掉的傲慢，和他們的司法一樣著名。大英帝國巔峰時期的某些英國人和今天的美國領導人也有相同的特徵(專橫權力會讓人變成這

樣）。經濟因素決定着一個社會中權力的基本分配，這種權力事實上如何運用，往往取決於極為獨立的價值形式。比如，尊威（Dignitas）是貴族或元老院階級最為珍視和着力培育的個人價值；但每個平民也都有屬自己的自主（libertas），想要積極地主張和運用。尊威這種品質把大人物從小人物中凸顯出來，但小人物的自主是指自由地做法律允許的事，不受隨意的干預，也不遭受除法律規定以外的傷害。雙方都以同樣的毅力堅守着各自的價值。李維把羅馬的一位老紳士形容為「像對自己的尊威一樣，留意着他人的自主」。共和國早期陶冶的神話和故事，講述的是堪為典範的簡樸風格以及不計個人代價的無私愛國精神。身為羅馬的拯救者，辛辛納圖斯將軍解散了軍團，返回田園。當時的確有這樣的人，就像卸任總統的華盛頓，被譽為「美國的辛辛納圖斯」。後來，亞伯拉罕·林肯打趣地說道：「對亞伯拉罕·林肯來說，最有用的就是做『誠實的阿貝』。」[1] 如果回歸田園是表明政治觀點的一種方法，那麼所表明的也是一種好觀點。

羅馬人關於權力與同意之間關係的現實主義態度可見於獨裁官（dictator）一職，這是羅馬共和國的一個憲法職位。一人（早期實踐中是兩人）在緊急情況發生期間被賦予不受限制的最高權力。如果他在緊急情況結束後戀棧貪權，或為了保留權力而人為地延長緊急

1　阿貝是亞伯拉罕的昵稱。

狀態（「愷撒真的需要入侵英國嗎？還是說這只是他維持軍事指揮權的另一個藉口？」），他事實上就被剝奪了法律的保護。如果能做到，任何人都有權殺死他。誅戮暴君是最為極端又是最大的政治美德。殺死最後一位國王的布魯圖斯，以及他那殺死第一位愷撒的後人，在共和時期的著作中受到同等的尊崇。如果誅戮暴君行為從來不可能成為抑制權力濫用的有效機制，這種觀念就表明羅馬人追求兩種有時互不相容的價值時有多麼不顧一切：一種是國家的生存，一種是個人的自由與榮譽。約翰·肯尼迪遭到暗殺的那天晚上，一個朋友哭着打電話給我：「不過伯納德，縱然發生了這一切，我們絕不能忘記真正的暴君還是該殺的。」

因此，羅馬的政體既涉及一套複雜的機制，也涉及一套最為繁複並經過合理化的價值觀念，後者在學校、文學和歷史上有意識地進行着教導、分析、讚美和延續，當時和此後的世代都是如此。羅馬，甚至是共和時期的羅馬，由於這個原因（至少有幾百年）在朝向帝國轉變的過程中得以保持內在的自由，是因為有一種方式來看待這些在古代世界具有革命性的價值。他們相信，「羅馬式生活」能夠被外國人學習、獲得和採納。這種生活方式不取決於原有公民的民族構成，也不取決於只守護着各自城邦的諸神的祝福和保護。入籍的外國人可以帶上他們的神明一起，只要雙

方都忠於羅馬。羅馬人實際上公然相信，雖然創建羅馬城的是一位英雄，堪比逃離特洛伊的普里阿摩斯國王的兒子埃涅阿斯，他的繼任者們籠絡追隨者的方式卻是使這座城市成為喪失公民權的人和流亡者的避難所。階級結構雖然僵化，對於能力而不是出身或血統的頑強推崇，卻被植根於建城神話的核心，為羅馬人賦予了身份認同感。

公民權脫離種族，並最終脫離地方諸神的神聖保護，將產生意義非凡的結果。羅馬由此可以把公民權擴展到盟友，甚至是被征服國家得到安撫的精英身上。在羅馬法中，具有優先地位的是市民法（*ius civile*），即羅馬城本身的法律，但同時還有萬民法（*ius gentium*），承認氏族、部落、其他民族以及帝國內其他文化的本土法律。因此，羅馬人擺脫了希臘文化和價值所強加的關於政治組織規模的嚴格限制。忠誠不僅是因為「我們高貴的先人」，而且是為了延續和宣揚共和這一觀念本身，即公民信仰。因此，羅馬文化受着法律和政治的主導，甚至更甚於希臘時期。最終，這個共和國被互為對手、渴望權力的護民官或獨裁官，如龐培、蘇拉和尤利烏斯·愷撒等人撕成碎片。此時皇帝登場了，首先(像奧古斯都·愷撒那樣)假裝自己只不過是第一位司法行政官，並且遵循共和國的形式(方式是離開元老院，但又強迫或賄賂元老院)。但是，即使拿掉所有的偽裝，當公元三世紀的法學家

烏爾比安在《法學階梯》(*Institutiones*)一書中確立獨裁的大原則，即「君王所好者便有法之力量」(*Quod principi placuitlegis vigorem habet*)時，他覺得還是有必要加上一句：「因為羅馬人民已將最高權力和力量賦予了他。」羅馬人從未這樣做過，除非恐懼、漠然或「麵包和馬戲」(*panem et circenses*)等消遣活動能算作對權力的拱手相讓。但是，這種民主合法性的碎片又無法捨棄，這種狀況表明，它還包含着對平民權力要有所畏懼的審慎提醒。軍團可以從鄉村招募，但城市裏依然有人民存在。

第三章
共和主義與民主

算盤打得不錯，
把所有的治理權，
這片土地的全部統治權
都交到一個人的手中。
一個聰明人的腦袋
或許能派上些用場：
但多位聰明人的智慧
卻能有好得多的籌劃。
經由他們的審慎
和睿智指引，
讓他們的共同福祉
狀況良好，長久留存。

（斯凱爾頓，《你為什麼不去宮廷？》）

　　從希臘人的時代到18世紀，我們聽不到任何響亮
或有趣的聲音在講到民主時，把它作為一種關於原則
和制度安排的學說，能夠應用於實踐（「我們是否有
適當的制度？」），或者作為一種理論，有助於解釋
國家的興衰（「我們是否足夠民主，還是民主得過了

頭？」)。但是，如果說這個詞或者失傳了，或者運用起來太可怕 —— 即使是最初在共和主義者那裏的用法，那麼我們確實聽到了有關羅馬式共和國的一些內容，以及亞里士多德關於政治統治優先性之主張的強烈回聲。必須記住這一點。民主國家有可能對個人和少數群體專橫行事，但是如果以政治方式行事則不會如此，此種行動即試圖調和一個國家內所有主要的利益群體。政治統治至少是公正和穩定的民主政權的先決條件。

政治統治

乍看之下，這個觀點是在一些不大可能的地方意外發現的。英國王座法院的一位首席大法官曾捲入玫瑰戰爭，為威爾士親王撰寫了手稿《論英格蘭王國的治理》(*On the Governance of the Kingdom of England*，雖然正式出版要等到1714年)。他在手稿中說：

> 有兩種類型的王國，一種是貴族式，拉丁語叫「王治政體」(*dominium regale*)，另一種在拉丁語中叫「政治與國王共治政體」(*dominium politicum et regale*)。兩者的區別在於，第一種可能以君主自行制定的法律來統治人民……第二種則可能會用其他法律，比如經由一致同意的法律來統治人民。

他的皇室主人或者説庇護者可能對政治而非專制的統治方式沒有什麼強烈的興趣，但是約翰・福蒂斯丘爵士並不是在杜撰。的確有兩種類別。議會在中世紀的歐洲很常見(只是到了16世紀和17世紀，大部分議會才遭到壓制)。他們主要代表貴族階層、高級教士，有時則代表城市政府(在英格蘭「下議院」既是士紳也是上議院貴族的更為廣泛的社會基礎)——他們就是福蒂斯丘所説的「人民」。我們完全無法合理地稱之為「民主的」。但是，潛在的民主的制度工具在發揮着作用：國王需要這些議會的積極贊成才能制定新的法律，最為重要的是，在國王們無法「獨自生存」時(尤其是在戰爭時期)募集補給和税收。三個世紀之後，正是這一點賦予了議會對查理一世的支配地位，否則他將盡最大努力拋開議會而掌權。那個時候，與福蒂斯丘的時代一樣，除了被召集到這些議會的權貴和士紳，通常沒有其他人會收税。把税收「外放到農場」，也即國王把徵税權售賣給承包商，不僅不得人心，也是腐敗的。當然，這一切都是政治權力問題，不是原則問題。不過，也僅此而已。他的「人民」是相當渺小的階層，當時在政治上卻有重要意義。希臘和羅馬的公民階層從來沒有成為居民的多數，甚至在羅馬城本身也是如此。不過請注意，福蒂斯丘既説到「政治」又説到「國王」。與甚至是共和時期羅馬的最高權力一樣，王權是捍衛王國和執行法律所必需

的。法學家們認為，出於這兩種功能的考慮，國王的權力是絕對的。如我們將要看到的，現代民主國家無法迴避一種必要性，即規定某種緊急狀態下的權力。政府這枚硬幣的兩面總是存在着，既有權力又有同意。

對於英國專制主義的政治限制，可以通過「偉大國王」統治時期的一個事件來說明。加德納主教在漢普頓宮受到亨利八世的特別召見，內心無疑相當惶惑；他被問到，國王是否像羅馬的那些皇帝一樣，無法任性地把自己的「意願和享樂視為法律」。他在下一任期於獄中就那次會見寫下了一則生動的描述，或許也是在自我辯解：

> 克倫威爾勳爵相當肥胖。「過來，溫徹斯特勳爵，」他說(他就有這種自負，不管和我聊什麼，他知道的都不比我少，不管用的是希臘語、拉丁語還是其他任何語言)，「回眼前這位國王的話，回話要坦誠、直接，不要躲閃，伙計。難道那不會讓國王高興嗎，一部法律？你難道不在民法(羅馬法)之下嗎，」他說，「君主喜歡的就是法律，諸如此類？」他說，「現在我已經有點記不起來了。」我安靜佇立，頭腦中很好奇這樣會得出什麼結論。國王看到我在沉思，便以真摯的柔和語氣說：「告訴他，答案是『是』還是『否』。」我不願回答克倫威爾勳爵，而是向國王回了話，告訴他我讀到過一

些國王的作為，他們的意志總是能成為法律，但我告訴他，他的統治形式能更為確定、悄無聲息地把他的意志變成法律。「你的政府形式已經確立，」我說，「與你的人民本性相悅。如果你開啟一種新的政策形式，沒有人知道它會如何適應目標；至於如何適應，你是知道的；我永遠不會建議大人舍掉確定而擁抱未知。」國王轉過身去，隨後從這個主題上岔開了。

真是一個狡猾又漂亮的答覆。一方面，如果你已經足夠安全，就不要無事生非，這是對權力的審慎約束；另一方面，這也暗示着權力繫於「人民的本性」。具體是哪一方面？最好不要想得太遠，狗既已入睡就由其自便吧。叛亂總是可能的。

馬基雅維里時刻

托馬斯·克倫威爾是英國最先讀到馬基雅維里《君主論》的人之一。但是有人懷疑他是否同時讀過《李維史論》，因為在這本書裏馬基雅維里展現了推崇共和的一面。國家只有強大了，才能夠負載人民，並放心地把武器交給他們。在戰鬥中，愛國的公民會比雇傭軍更為賣力。是的，為了創造新的國家，為了在緊急情況下拯救國家，或者為了讓一個國民失去了

圖4　馬基雅維里既寫了《君主論》又有推崇共和的《李維史論》

德性(希臘和羅馬的愛國主義和公民精神的韌性)的國家恢復本色,無情地使用王權是必要的。不過,為了維持一國的長期存在,權力應該是平展的;共和國要優越得多。他說,古代最偉大的孤膽英雄,是那些從看似無望的材質中創造出共和國,然後交由國民自治的人。人民的力量是偉大的,需要通過在制衡的政體中分享權力來加以約束。「每個城市都應該提供途徑和方法,讓民眾的雄心能找到出口,尤其是打算在重要事項上倚重民眾的城市。」在這一點上,馬基雅維里把羅馬共和國的政治思想帶入了早期的現代世界。他所說的「重要事項」主要是為城市防衛,或者是為發起先發制人的攻擊所進行的軍事訓練。但是,在我們的後期現代世界中,如果一個農業經濟的傳統國家想要實現工業化呢?不僅要訓練大眾,還要以某種民主的方式確保能獲得他們的支持,尤其是在當前,他們正危險地聚集在城市裏。馬基雅維里身處一個奇怪的時點,此時進步思想要遠遠地回望,才能從封建主義和教權主義中解放自己。與柏拉圖一樣,馬基雅維里半信半疑地認為,歷史是週期性的:君主制墮落為僭主制,僭主制引發民主反抗,但是民主制到頭來又是如此無法無天,君主或君王不得不現身或復位,但隨後他的統治再次墮落,激起民主反抗⋯⋯不過馬基雅維里的確相信,只要有政治意願和技巧,再加一點運氣(政治生活中永遠存在「時運」,從來沒有什麼

是註定的），就能夠找到適當的力量平衡來維持城邦的存續。

馬基雅維里發明，或者說偶然發現了一種現代政治理論，它是關於民主政治的兩項主要敘事之一。最廣為接受且看似最為明顯的觀點是，民主國家必須努力創造一種普遍的價值共識，不過情況也可能是，它們擅長並宜於處理既存在於價值之間又存在於利益之間的不可避免、持續不斷的緊張和衝突。馬基雅維里說：「那些譴責貴族和平民之間紛爭的人，似乎正是在譴責羅馬維護自由的主要原因本身。」在每一個共和國，都有「兩種不同的特質，即平民特質和上層階級的特質，所有有利於自由的立法都是由兩者之間的碰撞實現的」。所以，他總結說，「如果動盪導致了護民官的設立，那麼動盪就應該得到最高的讚譽」。我會問，民主機制能否成為一種方式，使不可避免的衝突具有創造性，而不僅僅是能夠容忍？（有些人樂觀地認為，彼此競爭的兩黨制更能夠確保這樣的結果。）馬基雅維里仍然提醒我們：「那些處於危險時期而無法求助於獨裁統治的共和國，一般都會遭到毀滅。」就連盧梭後來都說：「人民的首要意圖，是國家不要滅亡。」林肯則讓眾人注意到一個永恆的困境：「所有的共和國都有這種與生俱來的致命弱點嗎？對於政府來說是不是一種必然：要麼過於強大，妨礙人民的自由；要麼過於軟弱，無法維繫自身的存在？」謝天

謝地，林肯作為政治家和戰爭領袖的所作所為回答了自己這個慘淡的問題：「不一定。」然而，馬基雅維里的共和主義只局限於獨立城邦的世界。它們可能暫時聯合起來，反抗法蘭西王國或哈布斯堡帝國的入侵，但在馬基雅維里的分析中，自由和政治只有在他那個時代的意大利城邦和德國的自由城市中才可能存在。他甚至主張對某些「士紳」(gentiluomini)進行「修整」、裁剪或清除，這些人由於在城邦以外擁有大宗地產而缺乏公民精神和身份認同。

英國內戰

所以在意大利的城邦裏，就像在希臘城邦和羅馬本身一樣，我們不僅要面對那些在總人口中所佔比例很小的公民精英，還要與那些認為自己必屬小眾的精英周旋。古老的亞里士多德式分析看起來幾乎明顯是正確的：擁有財產帶來了閒暇，閒暇又為公民活動提供了教育和時間，而這兩項正是公民權的必要條件。從發生於17世紀中葉不列顛諸島上的內戰(拜託，不是「英國內戰」)中，我們首次清晰地聽到一項共和主義，實際上是平等主義的主張(從名為「平等派」的派別口中說出)，這項主張極為普遍，聽起來完全民主。從勝利的新模範軍團(被稱為「煽動者」)中當選的代表，與他們的將軍艾爾頓和克倫威爾之間進行的普特

尼辯論，從欠薪問題開始，很快就變成了關於選舉權和整個王國政體的深入討論。

正如克里斯托弗‧希爾在對「諾曼枷鎖」神話的研究中所講述的，暴力事件使「基本上未被記錄的思想的底層社會」浮出水面。一般民眾普遍認為，1066年以前，這個國家的盎格魯–撒克遜人是自由而平等的公民，以民主方式有條件地效忠於國王、伯爵和領主。諾曼人剝奪了他們的自由和永久不動產。與李爾本、沃爾溫共同身為平等派首領的奧弗頓說：「《大憲章》不過是一樁愚行，包含許多不可容忍的束縛的印記，而議會自此以後所制定的法律在很多細節上都使我們的政府更咄咄逼人、更無法忍受。」事實上，《大憲章》是國王與貴族[1]之間的條約或僵持，對普通民眾貢獻甚微，讓平等派頗為惱怒的是，王國中的大人物以及那些法學家卻為之如此小題大做。

《聖經》原教旨主義者的一個極端派別被稱為「掘地派」，得名於他們在薩里的聖喬治山開始對未使用土地進行共同耕作（「地是上帝的，其上的果實也是」，加上「他的聖徒將繼承土地」）；他們於1649年12月向費爾法克斯將軍和他的戰爭委員會陳述自身主張的合理性：

1　原文為「baron」，在英國歷史上指由國王直接敕封領地的貴族。

鑒於英國平民通過全力以赴的一致同意，已經驅逐諾曼壓迫者查理，現在我們已把自己從諾曼枷鎖下解救了出來，土地要還給那些被征服的人，由平民共同掌管，並且要使那些仍然支持諾曼人和王權者的人不再能使用土地。

普通法學家對《大憲章》的看法成為18世紀和19世紀議會制政體的一大神話，對此看法的這種懷疑曾長期存在。布朗特里·奧布賴恩1837年在憲章派的一次演講中稱，「我們自己的統治階級……費力從約翰王那裏擠出了《大憲章》」，所以，他繼續說，他們也應該做同樣的事。

普特尼辯論中對以財產為基礎的選舉權有一個經典辯護，因為它首次必須回答普通士兵及其代表(用當時的話來說即「鼓動者」)的明確主張，即由於曾經自願為從國王手裏爭取共同自由而戰，他們有權投票。一個叫塞爾比的人說：

我們當中有成千上萬的士兵曾冒着生命危險；我們在這個王國裏幾乎沒有財產，卻有與生俱來的權利。不過現在在我看來，你們的說法是若一個人在王國內沒有固定資產，在王國中便沒有權利。我懷疑我們上了大當。如果對王國一無權利，我們便只是雇傭兵。和我情況相同的人有很多，也許現在他

們幾乎沒有財產，但是與克倫威爾和艾爾頓這樣的大人們有同樣多的天賦權利。

這段話動人而有力，不過請注意，其中提出了兩個截然不同的主張。一個是「適於打仗，則適於投票」，本質上是羅馬共和國和馬基雅維里式的。如果想讓我們為你征戰，就必須把我們納入政體。在此主張的背後，肯定有一些令人擔憂的力量。另一個主張則激進得多，即「與生俱來的權利」：身為一名生而自由的英國人，自動就有了投票權。這似乎挑戰了公民資格整個古老的共和大廈，它建立在教育和理性(只能來自教育)之上，而不僅是服兵役，或者僅僅是任何個人的「意志」。塞比爾似乎就要創立或喚起包括公民權在內的自然權利哲學了，當時的任何哲學都沒有對此給出依據，《聖經》也沒有說我們有權投票。在上帝看來，我們都是平等的，「不分希臘人和猶太人、受過割禮的或未受割禮的」，都是同一位天父的兒女；但是與救恩相關的精神平等並不能幫助我們在任何情況下都能解構一句格言式經文：「愷撒的歸愷撒，上帝的歸上帝。」艾爾頓和克倫威爾把對與生俱來的權利的訴求徑直視為「徒勞而空洞的言辭」，是修辭上的蠢話，或許是在主張作為一名同胞受到公正對待，而不是在確定何為公正方面由上帝或自然(更不是武力)賦予平等的發言權。

艾爾頓回答說，這樣的主張沒有問題，但應該有代表，並且應該「盡可能平等地選舉」：

> 問題在於，這個代表的選舉是應該由所有人平等地選出，還是由在英格蘭有利益和財產的平等者選出。我對自己的意見深信不疑⋯⋯財產是公民社會的創造：自然狀態下沒有任何財產，也沒有任何人有任何基礎在光禿禿的食物和生存之外還享有其他東西。誠然，沒有人能剝奪你與生俱來的權利，但在公民社會，除了與生俱來的權利，還有法律和憲法，並且沒有人對他人的財產有與生俱來的權利。如果讓所有人平等投票，很快就會通過許多奪取其他人財產的法律。

　　這引起了一位雷恩巴勒上校的回應：「先生，我看出來了，除非所有的財產都被拿走，否則就不可能有自由。如果作為規則確定下來，並且你是這麼說的，那一定是這樣的。」他吼道：「在英國最窮的人，也像最有地位的人那樣要有自己的活路。」我經常聽到哈羅德・拉斯基引用這句話，後來安奈林・比萬在1950年代又援引其為左派綱領的主要內容。不幸的是，一二十年後，歷史學家們開始從平等派的小冊子和宣言中表明，他們也相信基於財產的選舉權：僕人、學徒、欠債的和租房的不應擁有選票，因為他們會受其

他人掌控，無法進行獨立判斷。對於「所有的財產都被拿走」具體何意，雷恩巴勒沒什麼興趣。他是在諷刺艾爾頓的歸謬法，同時他本人就是在贊成更為廣泛的基於財產的選舉權。「獨立」作為一種社會理想而發展起來，也反映了大量平民的自我形象，這些平民將自己統稱為「人民」，卻在自我定義中排除了數量眾多的人，幾乎肯定是大多數人。民主或許是往前邁了一步，但是弔詭的是，這種獨立的（而不是相互依賴的）「自由民」（yeoman）式的個人主義，在此後很長時間內都是一種障礙。

即使是一代人之後的哲學家約翰·洛克，也無法破除財產與公民權之間假定的必要關聯，不過他又針對貴族和世襲意味的主張加上了一條極具資產階級色彩的規定：他說，對財產的所有權，如果是從自然中獲取，並與「人身體的勞動和雙手的工作」結合在一起，換句話說就是得到了提升，這種所有權就具有了正當性。在影響重大的《政府論·下篇》中，洛克明確指出，上帝許給我們「任何人正好夠用的〔財產〕，在財產敗壞之前用來做有益於生命的任何事，只要他能夠通過勞動把財產確定下來。在此範圍以外的任何東西，都沒有他的份，而屬其他人。上帝創造的一切，都不是供人糟蹋或損毀的」。如果英聯邦崩潰了，思想和事件反而獲得了新的可能性。普特尼辯論中對「與生俱來的權利」的主張，經由洛克成為廣

泛接受的信念，特別是在美洲殖民地；正如洛克所說，我們都生來就擁有對「生命、自由和財產」的自然權利。自然權利的觀念是人為創造的。那就是人的本質(或者上帝賜給人的)：一束權利。如果這些權利受到政府侵犯，人們可能會收回自己擁有、只不過是借給政府的權利。在洛克那裏，有一項小心翼翼地用籬笆圈起來的革命權。這座「莊園」是什麼？似乎不是普遍的財產權(可以用洛克式話語來提供正當性)，而是一種擁有最低限度的財物的組合，能夠保證我們的獨立性、個人自主性，以及我們的「莊園」——隱含地位或尊嚴之義(如費斯特所唱的，「當我來到男人的莊園」)。

美國的事業

美國獨立戰爭既不是革命，也不是爭取民主的鬥爭，卻有着革命和民主的結果。戰前幾十年，英國的政制體系完全沒有作任何民主的虛飾。有人鼓動，要在議會中更加平等地代表放蕩者、煽動者和改革者約翰·威爾克斯所謂的「中間人物」，十三個殖民地的騷動事例又為之大大地推波助瀾。他們的大多數領頭人物，事實上包括威爾克斯本人，懷着不同程度的誠意和玩世不恭，把自身看成是「人民的護民官」，而不是人民的一員。一般來說，改革派被稱為「愛國

者」，如此稱謂是在效法美國殖民地中抗議皇室權威，隨後又受到驅動去挑戰議會本身的那些人。他們是愛國者，因為他們說這是我們的祖國(patria)、我們的國家，我們用自己的雙手耕作的土地。而英國的愛國者(當約翰遜博士粗魯地說「愛國主義是流氓的最後避難所」時，無疑就是指他們，而他心裏想的可能是「傑克」·威爾克斯)還對這個詞的附加含義很享受，即國王、宮廷和大領主可能被嘲笑為受他國影響太多——與德國沾親帶故，且染上了柔弱的法國儀態。在這誇張的描述中，又會對諾曼枷鎖在不經意間來一次修辭上的發揮。很少有改革者會青睞男子的普選權，正如奧爾德曼·威廉·貝克福德1761年在倫敦公司發表演說時所說的：「先生，我們的政體只有一個缺點，那就是可憐的小鎮派駐議會的議員與大城市的一樣多；這違背了一項準則，即權力應該源自財產。」或許，正是因為沒有想透那條輝格黨準則，才讓美國的分離在那時而不是以後就不可避免。即使是暴民英雄威爾克斯，也更為接近奧爾德曼·威廉·貝克福德，而不是托馬斯·潘恩的「人的權利」。

美國問題揭示了更深層次的恐懼，無疑能回溯到關於英國內戰的記憶，以及極端的共和而近乎民主的觀念那短暫又可怕的插曲。關於如何安撫焦躁不安的殖民者，一個普遍而明顯的建議是賦予他們議會代表權。確實，有人主張他們應該有這樣的權利，因為無

代表不納稅是理所當然的。對於許多英國輝格黨人來說，這似乎是公理。身為查塔姆勳爵的威廉・皮特，七年戰爭的偉大領袖，實際上認為針對美洲殖民地的《印花稅法》(為他們自身的防衛而繳納)是違憲的、非法的。沒有代表，便不該納稅。議會並非在所有事項上都有主權。這是一項有力的主張，但在議會中是少數派的觀點。《英國議會議事錄》(Hansard)記述了一位匿名議員反對廢除《印花稅法》的發言：

> 毫無疑問，在議會中，殖民地居民與英國的絕大多數人民一樣得到了同等程度的代表，英國的九百萬人中有八百萬人在選舉議員方面沒有發言權：因此，基於代表問題反對殖民地對議會的依賴，每一項反對意見都指向大不列顛的整個現狀。

如果讓美洲代表進入議會，我們也不得不讓這八百萬人得到代表。當然，我們認為他們在議會中由自身中的優秀成員以經驗和智慧的結合(被稱為「處方」)出色地「實際代表」(埃德蒙・伯克的有用短語)了。國會議員的恐慌還為時過早，但重要的是，我們終於可以看到一些狀況，即使沒有強有力的民主運動(當時的實際改革者與掘地派的心態基本相同，都傾向於以能夠確保「獨立」的最低限度的財產作為選舉權的基礎)，在其中也產生了對民主的真正恐懼，而不僅是在

設定「良好的老式目標」的那些舊書中讀到的東西。那些反對任何改革的人把改革者諷刺為無政府的民主主義者。一些改革者被扣上這頂帽子以後，會挑釁地甚至自豪地戴上它。

在美洲殖民地中，居主導地位的精神氣質是「獨立」，即一種將商人群體和小農場主都聯繫起來的積極的個人主義。年輕人在阿巴拉契亞民歌中表達着熱愛之情：「我是終身持有產業的人，擁有自己的土地。」在幾乎所有州的議會中，選舉權的範圍已經比英國所有選區(除極少數例外)都要廣泛，原因不在於民主情感，而是因為公共土地隨處可得。以每年應納40先令稅款的終身產業為基礎的投票權普遍存在。更多的人習慣了民主的治理方式，包括投票、請願和公開辯論；在遭到忽視時也越來越多地進行示威和暴亂。一位王室官員在家信中寫道：「暴民們嚷着『自由和財產』，這意味着他們即將燒毀倉庫。」抗議活動若遭到忽視，同時議會又未能給出任何政治和政體上的適當妥協，就會轉變成要求獨立的主張和鬥爭，抗議領頭人們的思想框架是共和主義而不是民主的。他們希望公民群體積極活躍，同時選舉權又有最低的財產限制，以確保選民一定程度的教育資歷、責任意識和土地關聯。這些人就是「人民」，既是激進的傑斐遜主義者，也是華盛頓和約翰·亞當斯更為保守的追隨者。不過，他們都強烈支持憲政，也就是說有一

部成文憲法，不是由選舉產生的議會即國會來解釋，而是由最高法院來解釋；在最後定稿的憲法中，總統在就職時宣誓將執行法院的裁決，哪怕要違背行政機構和國會本身的意願。約翰·亞當斯有句話廣為人知，稱新政體是「法治而不是人治」。英國議員們崇尚英國政體——在議會主權理論下這種政體正是他們所說的那種情形，亞當斯則說「君權極為暴虐」。當美國人在國家文件中自稱為共和國時，不僅僅意味着「沒有國王」，而且是指由「人民」的民選代表組成的政府。但是再一次，我們必須停下來解釋這個響亮的詞語：正如在平等派眼中一樣，它意指所有的成年人，除了那些沒有應稅財產的，當然還要排除女人、印第安人和奴隸。分離和自決的主張明確地基於洛克式觀念，即所有(有價值的)個人都擁有天生的權利。排除在外的幾類人被默默地忽視，直至半個世紀以後甚至更長的時間。

在新成立的合眾國，大力推動對「普通人」的崇拜甚至擔當其化身的托馬斯·傑斐遜，在蒙蒂塞洛設計並建造自己的房屋。他用上了最新的發明，即空心筆尖自來水筆，這樣在寫下某個字母時，附在筆上的精緻槓桿就能帶動其他的筆寫出副本，從而省下書記員。他發明或改進了「不說話的侍者」和「服務升降機」，如此一來，以真正的共和式簡樸，他可以在桌上親自為客人服務，視線以外的奴隸則在下面準備好

食物再推上來。(當然，在1954年的田納西州，我在用餐時還受到提醒，不要在「他們」，即殷勤的侍者面前談論「那個問題」，這也是「行為準則」的一部分。)

然而，在費城制憲會議上或會議前後，「民主」在非凡的辯論中被援引，最終制定出了1787年新的聯邦憲法。這是始於抗議和獨立運動的一類書寫的頂點，美國學者佩里·米勒曾經稱之為「公民文學」：關於政府的基本目標和手段的合理辯論，其展開的層面要求具有批判性的智力，同時又用平實的英語來觸及普通選民。由普布利烏斯(無疑即亞歷山大·漢密爾頓和詹姆斯·麥迪遜)撰寫的《聯邦黨人文集》，不過是其中最為出色和流傳最久的例子。圍繞上個世紀歷次內戰的小冊子文學，是此類規模、此種類別的唯一先例。這種高質量的公共說理上一次出現在英國，是1886至1914年間圍繞愛爾蘭問題和上議院改革的。(今天，重大議題在媒體上變得弱智，或者局限於學院中的晦澀語言，對比之下令人感歎；關於權力下放，蘇格蘭人確實寫出了令人印象深刻的「公民文學」，但很少有人閱讀。)在美國的這種「公民文學」中，有兩個重大問題：中央政府的權力與13個州的權力；以及對於民主統治和選舉權應該深入到什麼地步所作的制衡。

費城辯論實際上發明了聯邦主義的觀念，作為中央政府和省級政府之間按成文憲法的規定所作的一致

圖5　托馬斯・傑斐遜，《獨立宣言》的起草者

同意的、由法律調整的、有約束力的分權。此前這個詞的含義面目模糊，主要與類似古希臘的亞該亞同盟相關，是獨立城市之間出於有限的目的為創立共同制度、採取共同行動所訂立的條約；與18世紀的瑞士邦聯一樣，各組成部分要麼可以自由脫離，要麼各自擁有對多數的否決權。美國聯邦憲法則為中央，即聯邦政府界定和賦予了有限卻重要的權力，同時聯盟的各個單獨的州保留了其他所有權力(包括對選舉權的控制)。這種權力平衡經年累月間實際上發生了怎樣的扭轉，則是另一回事，從一開始就一直存在爭議。為了使向中央分配的這種權力能夠得到接受，分權和制衡同時被引入了，行政和立法機構彼此分立(不同於在議會中)。同時存在一個參議院，每州有平等的代表權，以及一個眾議院，議員數量與每個州有選舉權的人口成比例。隨後不久，憲法中就加入了《權利法案》，專門保護公民的個人自由。所有這些安排相當繁複，不過有技巧又有耐心的話還是能夠解析，關於民主的爭論看起來則是根本的和關鍵的。與一個世紀前的普特尼辯論一樣，那些拿起武器的人無意再受舊式議會之類的制度蒙騙，即使已沒有國王，而且現在也控制在他們的「高等」同胞手裏。

　　不妨以1787年5月31日辯論的總結報告為例，是關於如何選舉眾議員的。各方意見分歧明顯。保守派，或者按他們很快就自稱的叫法(竊取來的名字)即

聯邦黨人，主張間接選舉。「謝爾曼先生（來自康涅狄格）反對由人民選舉，堅持認為應該由州立法機構來選。他說，就直接事務而言，人民在治理方面應該盡可能一無所為。他們缺乏信息，並且總是容易被誤導……」「格里先生（來自馬薩諸塞）說，我們所經歷的罪惡來自民主的泛濫。人民不缺美德，但是容易受到偽裝的愛國者蒙騙……他說，他在此之前也一直是共和主義者，當時仍然是共和主義者，只是根據經驗得知這種消除差別的精神很危險。」在馬薩諸塞，「讓公務員匱乏似乎是民主的一條準則……平民吵鬧着要求降薪」。但是，「梅森先生（來自弗吉尼亞）堅決主張由人民來選舉人數更多的分支。這裏要成為承載政府的民主精神的龐大處所……它應該瞭解共同體的每一部分並與他們感同身受。他承認我們一直過於民主了，又擔心我們一不小心走到另一個極端。我們應該關心人民中每一個階層的權利。他常常感到詫異的是，社會上層人士對這種人性和政策方面的支配如此漠不關心」。請注意，他既說到「人性」又說到「政策」，同樣的務實精神使他承認，民主既可能太少也有可能太多。民主是善治的一個重要因素，但不是全部。

然而，來自賓夕法尼亞的一個叫威爾遜的人，看起來對現代政治的本質有着根本的洞察，他把兩項主張結合在一起，一項支持聯邦與各州權力的分立，另

一項支持民主與受限的選舉權之間的分立。他「力主從人民當中直接抽取立法機構中人數最多的分支。他支持把聯邦金字塔拉升到相當的高度，因此希望賦予其盡可能廣泛的基礎。沒有人民的信任，任何政府都無法長久維持」(黑體由我標注)。

多年以後，托馬斯·傑斐遜和約翰·亞當斯都垂垂老矣，傑斐遜回顧了這一切，寫信給他從前的對手：「選舉選出專制並不是我們奮力以求的目標。」他的政黨已經從自稱為輝格黨轉而自稱為民主共和黨，經常也稱為「民主黨」，聲稱是真正屬普通民眾和普通人的黨；然而，他們的信念和演說中描述的個人權利，與多數人的權利(和權力)一樣多。民主的含義開始在民眾的理解中擴大，納入了自由和權利，但有些人，當然也包括傑斐遜本人，仍然意識到在不同的時候它們可能是朝不同方向拉動的不同力量。在起草《獨立宣言》時，傑斐遜把洛克說的所有人的自然權利從「生命、自由和地產(estate)」〔當時和現在都普遍被錯誤地引用為「生命、自由和財產(property)」〕改成「生命、自由和追求幸福」。「傑斐遜式民主」後來漸漸意指在政治和社會層面崇拜「普通人」，即能着手做任何事的人。他可以親手耕種自己的土地，可以閱讀法律書籍以及時事小冊子，可以在下級法院或者城鎮會議上自如地陳述事實，必要的時候他會攜帶或者擁有武器(根據憲法權利)來捍

衛共同的自由。傑斐遜主義者想必會同意盧梭和康德的觀點，即每個人自己身上都有一種共同理性和道德感覺，那就是公意或良知——隨你怎麼稱呼——如果以謙遜的樸素加以運用，直截了當而不追逐時髦或炫耀學問地弄巧，沒有私心而滿懷同情，我們就會得出與鄰居和同胞極為相似的結論。普通人身上有常識。一種新的民主道德正在誕生，儘管實際上它是在遭到違反而不是得到服從的情況下備受尊崇的。

所以，在獨立戰爭和新憲法形成的過程中，民主並不是激勵的力量，各個州在獨自確認或改革現有的投票制度時，也沒有邁向民主的亦即普遍的白人男性選舉權，那是當時可能達到的極限。甚至談不上這一點。大多數州的立法機構固守着老式的終身有產者選舉權，儘管情況各有不同。曾經有人說，真正的民主和選舉權的擴張始於平民英雄安德魯·傑克遜將軍於1829年當選總統，他來自新加入聯邦的邊疆州田納西。對手們驚恐地稱之為「一顆未經加工的金剛石，一個蠱惑人心的人，如果曾有過這種人的話」。這就是所謂「傑克遜式民主」的時代。

不過，歷史學家們現在指出，如果不是大多數人即「平民」已經獲得了投票權，如果不是通過民主改革，而是通過土地價值的逐漸膨脹使得舊式的「四十先令終身產業」（往往從殖民地時代起就沒有變過）很容易獲得，傑克遜可能永遠無法當選。但是，說土地

價值的膨脹帶來的是民主的選舉權而不是意識形態，就是風涼話了，也過於簡單。很多人都情願抬高選舉資格條件，只是在新的民主風氣下不敢嘗試罷了。政治行為和社會性質兩方面都再也不同於以往了。

　　一些同時代人和大眾歷史學家把這段時期稱為「民主的勝利」，但這種勝利並不能確保前方沒有麻煩。如果在數量眾多的州中，民主的多數派(現在霸佔了這個名字成立民主黨了)想要脫離聯盟，而不是眼看着奴隸制這一「特殊制度」受到威脅，情況會如何呢？費希爾‧埃姆斯是一位真正的、罕見的美國反動派，更像是英國托利黨人而不是馬薩諸塞州最高法院的法官，他諷刺說：「君主制像是一艘華麗的船，所有的風帆讓它莊嚴地前行，但隨後撞上一塊岩石，永遠沉入水中。民主制像是一條木筏，永遠不會下沉，但是該死的是，你的腳總是浸在水裏。」比喻很貼切，因為他暗指木筏不過是被潮汐或水流沖着往前走；可以用船槳或木板略加操控而保持漂浮，把方向稍微向左或向右調一下，甚至可能放慢或加快一些，但是，在民主的潮流面前不可能掉頭轉身。

法國大革命

　　費希爾‧埃姆斯心裏想的可能是查理一世或路易十八，但在這兩種情況下他都錯了，除非是在美國。

君主制和獨裁制在歐洲並未永遠沉沒。拿破崙在軍事上被擊敗後，法國的君主制復辟了。美國和英國的憲政思想在法國大革命的第一階段佔主導地位，但是立憲派很快就被雅各賓俱樂部的專政所蕩開。雅各賓派把自己的統治稱為專政，因為沿襲羅馬的用法，他們視職權為在緊急狀況期間行使絕對權力的正當依據，此緊急狀況包括摧毀舊制度即保皇派在法國的起義，外國軍隊入侵法國、試圖在革命擴散之前恢復君主制，以及他們在巴黎的對手的反對和陰謀（既有現實的也有想像的）。當然，專政僅僅適用於緊急狀態期間，止於共和國恢復純粹、得到淨化，變得強大又安全之時。這種心態在美國新出現的與自由（或者說由法律保證的個人權利）相結合的多數統治意識中，幾乎沒有給民主留出什麼時間。革命者遠遠越過了在世界面前表明獨立權之正當性這一邊界，如傑斐遜訴諸普遍理性的那些話；他們寫出了《世界人權宣言》，煽動各國人民拋開國王和貴族，並承諾將在整個歐洲親身推廣這些原則。

在雅各賓俱樂部的桌子上，放置着盧梭的半身像。盧梭絕不應該為他們的行為負責，但是，他們在盧梭身上看到了對一項新的普世原則（儘管只有在革命之後才能適用）的陳述。「人民」不再只是那些憑藉財產和教育才成為公民的人；出於兩項強有力的原因，任何人現在都可以成為人民。盧梭在《社會契約

論》中說：「人生而自由，卻無往不在枷鎖之中。」當然，這顯然不合實情。我們其實生而無助，要依賴於母親。但盧梭的意思很明顯：「人是為自由而生的。」如果暴政的枷鎖以及等級社會的人為慣例被拋棄，我們就會變得自由。那才是符合自然的。第二項強有力的因素是，就天性來說，我們每個人都有能力表達「公意」：也許最好的理解是，我們每個人都有能力（通過一種道德努力）普遍地而不是特別地運用意志。然而，這種公意（*volonté générale*）並不是數量上的多數，而是所有為擺脫自私、擺脫由社會的人為慣例和博學之士的傲慢所強加的通向自然生活的障礙而誠實地、簡單地、真誠地努力的人所達成的共識。總而言之，他顛覆了共和主義的主張，即公民資格必須以財產和教育為基礎。沒有它們（至少如社會目前為止確立它們的那樣），我們終於可以成為最佳狀態的自己，發現我們的真正本性。（實際上，盧梭主張一種新型的家長式教育，不過是一種感覺和個人成長的教育，而不是知識的教育。）想到你對此主張可能在哪些方面表示贊同，盧梭第一次為民主進行了道德辯護。當時，法國大革命中每一個依次登場的派系都可以標榜「人民主權」。但是當時的困難無疑在於（也一直在於），得有人為人民說話。雅各賓派確信自己在為人民代言，並對「人為的」憲政約束，或者說密爾所稱的、美國人實際上奉行的代議制政府無甚興趣。

圖6　盧梭受自然啟發，羅伯斯庇爾由行動激勵

亞歷克西・德・托克維爾在開創性的《舊制度與大革命》(1856)一書卷首聲稱，法國大革命是一場類似於宗教革命的政治革命。「它有宗教運動所具有的全部獨特的、標誌性的特徵，不僅蔓延到國外，而且是通過佈道和宣傳傳播到那裏的。」他說，無法想像有什麼景象的奇怪程度更甚於「一種政治革命，它能激發人改變信仰，它的追隨者像在國內發起時那樣，以同樣的熱忱和激情向外國人宣講……它假裝朝向人類的重生更甚於法國的改革，所以引發了最為激烈的政治革命也從未激起過的熱情」。他說，憑藉其改宗和宣傳(他使用了「宣傳」這個詞，當時不過是天主教會的一項職責)，它嚇壞了同時代的人，「如伊斯蘭教所做的那樣……把鬥士、使徒和殉道者傾瀉到世界各地」。

　　與羅馬的「元老院與人民」一樣，「自由、平等、博愛」寫在所有的旗幟上。自由主要是免受皇室、貴族和教會控制的自由——革命獲勝後個人自由就會到來，這是確定無疑的。平等不是經濟平等，而是作為公民的身份平等。稱呼的形式變成了公民羅伯斯庇爾、公民聖鞠斯特、公民丹東；不過，在所有那些為着相同的目標努力的人當中，或者在丹東於六月集結起來保衛共和的公民軍隊中，博愛情感強烈而真實。在面向國民議會(the Assembly)發表的一次演說中，聖鞠斯特對此作了如下的注解：

建立一座城市，其公民以朋友、客人和兄弟彼此相待，這是你的任務。重建公眾信心，讓人們認識到革命政府並不意味着戰爭或征服，而是從苦難通向幸福、從腐敗通向誠實、從壞的原則通向好的原則，這也是你的任務。

但是人們開始發問：這樣的過渡是否永無止境？毫不奇怪的是，當代一位保守派歷史學家把這一點與托洛茨基的「永久革命論」相比擬。羅伯斯庇爾談到了雅各賓派的理想目標，即「和平地享受自由和平等，讓永恆的正義來主導」，但這只能體現於「由於不斷分享共和感情而變得偉大」的國家。同時，他說革命的目的必須是對革命的敵人進行暴力恐嚇（*la terreur*），不過沒有愛國精神的恐怖是災難性的，不帶恐怖的愛國精神則是無力的。漸漸地，恐怖不僅意味着對反革命者迅速而無情的行動，同時也針對那些有可能反對革命的群體或個人。雖然他們可能在革命的象徵意義上表現得如同高尚的羅馬人——羅伯斯庇爾確實說過「自羅馬人以來就沒有歷史了」，與羅馬共和國的合法性觀念的分裂卻在一段時間內又彌合了。

「立憲政府的目的是維護共和國，革命政府的目的則是創造共和國。革命是與敵人展開的自由之戰；憲制是得勝的、和平的自由政權。」羅伯斯庇爾繼續說道，「立憲政府主要關注私人自由，革命政府則關

注公民自由。」聖鞠斯特後來則吶喊：「那些若非反對我們就是不支持我們的人，他們是誰！」(這句話在革命傳統中被長久銘記，於是當獨裁者或者説黨魁卡達爾於1970年代中期説「那些不反對我們的人就是支持我們」時，匈牙利人感到一絲愉悦：這是一個精明的新獨裁者的相對寬容。)

歷史學家們現在爭論的是，大革命對法國社會的改變，程度是否如人們一度認為的那麼深。不過，我們在此關注的不是這一點。關鍵在於，要想節制支持立憲的吉倫特派和反對立憲的雅各賓派，都有賴於能夠激起和引導平民的力量。有一段時間，他們似乎是沒有任何正式的民主機制的平民意願的體現。他們的權力立基於聲望，但城市裏的平民已經顯示出了力量。對於19世紀的許多歐洲人來説，無論是希望還是恐懼，法國大革命都是一項未竟的事業；但大多數政府不論是出於原則還是政治上的審慎，都認為需要對選舉權進行一些改革，並對言論自由和出版自由給予某種法律保護。不管是出於對「人民」的尊重還是恐懼，共和傳統在法國社會變得強大起來。在美國，民主則走向了自由主義，在保障公民權利的同時，對他們的要求越來越少。不過，民主在法國從來沒有完全失去過平民權力那粗糙的共和鋒芒。

如倖存下來的老雅各賓派所説的，拿破崙並沒有激烈背叛大革命，而是領受了它的潛能並加以合理

化。大革命把法國統一起來，實現了中央集權，而在舊制度下，法國的行政權在很大程度上寓於省級，高度分權。所以，拿破崙能比雅各賓派更明智地扮演羅馬的角色。他那偉大的法律改革，即《拿破崙法典》，把傳統的、仍屬半封建性質的法國法律，改造成以羅馬法原則為基礎的更合理、更統一的結構。如果他自立為君，那就是在公開效法羅馬的第一位皇帝，那位奧古斯都·愷撒曾自視為(或者堅決要求被他人視為)保護共和國法律的第一司法行政官。法國平民在與舊君主和舊制度大軍的鬥爭中發現了愛國主義和民族主義，兩種情感都很強烈，以至於拿破崙在戰爭中能夠仰賴全民動員(*levée en masse*)，比如大規模徵兵。直到那個時候(在君主制下同樣一直如此)，徵兵工作對於兵源都不得不嚴格把關，主要限定於傳統上忠誠的鄉村地區，畢竟訓練和武裝城市裏的暴民太危險了。而且，無論如何徵兵要想確保穩妥，只能靠強制少數男性適齡人員參軍來補充正規軍，而不是覆蓋或壓倒正規軍；不到萬不得已是不會武裝全體平民的。不過在法國，革命精神依然旺盛，平民已經意識到了自己的力量和價值。拿破崙可以放心地把武器交給他們，因為他被視為貴族的反對者、革命的繼承人，如果他自設軍銜和序列，那也(大部分)是基於才幹而不是出身。對於(大部分)公共職位，公開考試取代了庇護提攜。所以，我們很容易聲稱，大規模徵兵

是民主時代的一種手段(最古老意義上的民主,而不是新興的美國,傑斐遜所稱的「世界最好的盼望」),正在迅速地淡化對法國原則的最初熱情。

第四章
托克維爾先生如是說

> 專制主義……在我看來，在民主時代特別令人擔憂。我相信，任何時候我都會熱愛自由，在我們生活的時代我願欣然崇拜它。
>
> 當今諸國無法阻止人類狀況向着平等邁進，但是平等的原則把他們引向奴役或是自由、知識或是野蠻、繁榮或是不幸，則要看人類自己。
>
> （托克維爾，《論美國的民主》）

約翰·斯圖爾特·密爾在《自傳》（1873）中講道，正是閱讀托克維爾，開啟了「我在《代議制政府》中，把政治理想從虔誠信徒眼中的純粹民主轉變為加以修正的民主」。密爾斷言，原因在於托克維爾對於「民主的優越性」給出了更有說服力的描述：在承認民主必然到來的同時，托克維爾指出了平民政府「特有的弱點」，並表明該如何補救。他說最重要的是，托克維爾努力保護民主，不讓它「退化成那種獨一無二的專制，在現代社會中它存在着真正的危險，即行政首腦對孤立個體構成的集合實施絕對統治，全

體平等但一律為奴」。這種狀態可能來自日益加劇的集權化。密爾從托克維爾那裏看到，居於國家和個人之間的所有那些制度，在維持自由和民主之間的平衡方面極為重要。密爾已經看到，在英國有利的改革頻頻受挫，「因為偽裝而成的地方政府懷有……不合理的偏見，往往不過是打零工的地方寡頭出於私心的管理不善」，現在他又認為這些地方偏見在一定程度上保護着一個完全集權的國家，因而是支持對地方政府加以改革而不是肢解的理由〔萬變不離其宗(*plus ca change, plus c'est la même chose*)〕。托克維爾在那部兩卷本巨著中對美國社會的論述，不論是否完全準確，其結論都極大影響着歐洲人和美國人對未來的看法，他的許多觀點今天仍有重要意義。托克維爾完全稱不上是當代的亞里士多德，但他的嚴肅態度和得出的結論，與密爾的那些結論一樣，值得特別關注。

亞歷克西·德·托克維爾(1805–1859)，政治觀點自由而個人氣質保守，出生於諾曼底的貴族家庭，卻試圖通過撰寫的所有著作和擔任的公職說服貴族同胞接受大革命的遺產，讓他們相信時光不會倒流。他們必須承認，日益擴大的平等是不可避免的，需要研究的是在平等的時代如何維護自由。托克維爾所說的「平等」，指的是實際的政治平等和日益平等的條件，即他在美國發現的民主的「風尚」(manners)或行為方式，而不是經濟上的平等。他對極端的經濟不

平等的危險關注得太少了，僅僅認為商業和市場之間關聯的強化標誌着貴族氣質的終結，而資產階級倫理本質上是溫和而審慎的，不利於寡頭制——不過，亞里士多德的幽靈可能曾在他的耳邊嘀咕着「富豪制？」。儘管如此，他卻是民主條件的第一位深刻、系統的分析家，無論這種條件多麼難以實現。一個同時代的人稱他「像虔誠的埃涅阿斯，已經着手創建羅馬卻還在為被遺棄的狄多哭泣」(維吉爾)，內心堅定但眼淚未歇。

1831年，受法國政府之托，托克維爾和朋友居斯塔夫·德·博蒙一起訪問美國，想撰寫關於改革後的監獄系統的報告。此行的成果不僅有1832年發表的一份報告，還包括托克維爾的兩卷本巨著《論美國的民主》(先後出版於1835和1840年)。去美國之前，他心裏已經有了大概的想法，這種想法事實上也是啟程的主要原因：「坦白地說，在美國我看到的不僅是美國。我在那裏探尋民主本身的形象，以便瞭解我們對其進步不得不懷有的恐懼或希望。」此外，他那部同樣影響廣泛、醞釀已久的作品，即《舊制度與大革命》(1856)一書的核心主題和假設也在成形。這兩部作品同屬一項宏偉計劃，即確定法國舊的貴族制度如何走向崩潰，説服人們相信民主(他指的是條件的平等)無法避免，並通過研究在這些傾向走得最遠的美國民主如何實際運行，在一定程度上以比較的方式遙望

歐洲的未來，從而知曉如何直面法國大革命的未竟之功來保障歐洲的自由。他在上卷結束時預言，不久之後世界將由兩個人口眾多、幅員遼闊、代表着不同原則的國家主導，即美國和俄國。上卷的最後一句話一度流傳廣泛：「當今諸國無法阻止人類狀況向着平等邁進，但是平等的原則把他們引向奴役或是自由、知識或是野蠻、繁榮或是不幸，則要看人類自己。」

民主的危險

在身後出版的《回憶錄》中，托克維爾同時嘲諷了兩種觀點：一種是政客們的，即所有重大事件都是通過「幕後操縱」發生的；另一種是當時的理論大家們的，認為這些事件都可以追溯到「偉大的第一動因」。他談及的是傾向而不是「鐵律」，聲稱在這些傾向的背景之外什麼都不會發生，無論時機如何成熟，沒有特定的人的自由行動，一切都不會自動發生。可以說，他在決定論和唯意志論之間遊走，不過他聲稱朝向平等的歷史趨勢是不可避免的。至於採取哪種形式，取決於不可預測的人類行為。此類行動的成功，則有賴於對歷史趨勢和社會環境的認知(雖然任何程度的認知都無法取代，而不是指導政治行動)。他力求在社會學和政治學的解釋之間取得明智的平衡，對於抽象觀念對歷史事件的影響既不誇大也不貶低，

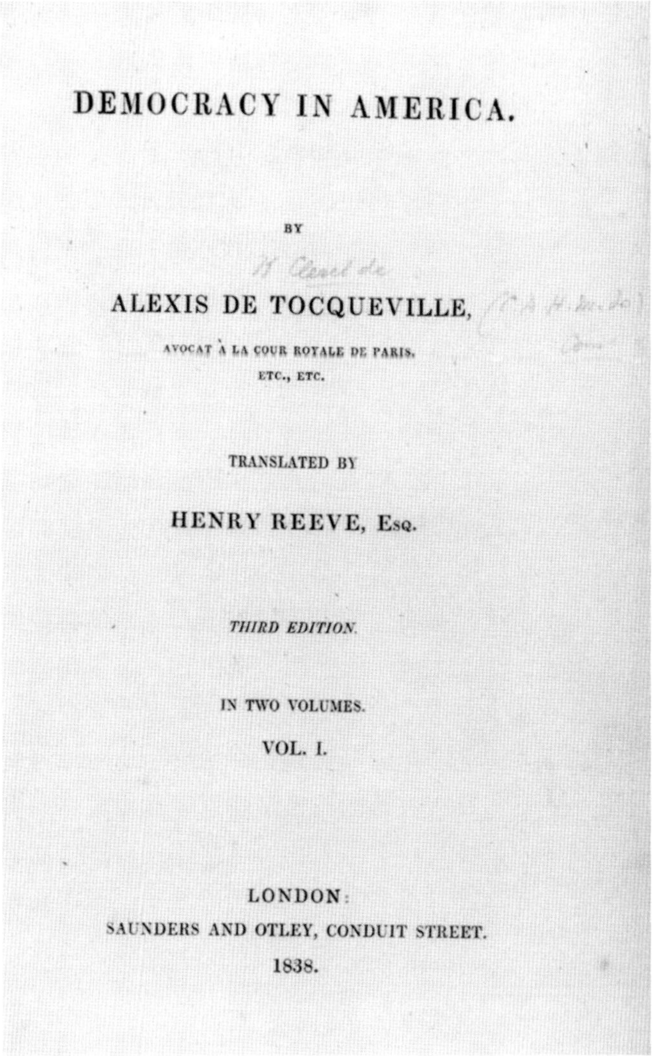

DEMOCRACY IN AMERICA.

BY

ALEXIS DE TOCQUEVILLE,

AVOCAT À LA COUR ROYALE DE PARIS.
ETC., ETC.

TRANSLATED BY

HENRY REEVE, Esq.

THIRD EDITION.

IN TWO VOLUMES.

VOL. I.

LONDON:
SAUNDERS AND OTLEY, CONDUIT STREET.
1838.

圖7　托克維爾代表作首部英文版的扉頁

即使有些人總是會反對稱，例子是刻意選取來迎合觀點的，而不是從證據中自自然然地得出觀點。無疑，托克維爾的美國是一個抽象的模式，充滿了與所有現代社會相關的華麗的假設和理論，而不是對某個國家的實證研究。但同樣肯定的是，他為撰寫《舊制度與大革命》而對法國省級檔案所作的研究，不僅有獨到見解，而且具有持久的價值。

從這些省級資料中(並不是一切都發生在巴黎、倫敦、柏林，甚至華盛頓)，他得以提出具有持久重要性的理論：實際的革命只是加速了曠日持久的中央集權的進程；舊制度最危險的時候是試圖自我改革之時；革命發生在經濟好轉的時刻，而不是特別艱難的時期。他把最後兩個論點總結成，在專制和貧窮中人們絕望地受苦，只有在出現希望的理由和改善的跡象時才會奮起。

他兩部偉大作品的基礎都是自由與民主之間的區別。為了弄清法國革命和美國革命中發生的事件及其後果，他發現很有收穫的一個做法是，在古典意義上把「民主」單純視為多數人的統治，這種用法進而又意味着社會條件日益平等。他把美國當作一個粗略來看沒有階級的中間階級社會。民主國家可能會鼓勵言論自由和個人在政治行動中的選擇，也可能不會。托克維爾認為，它們有可能帶來比以往任何時候都要更大的自由，其中既有他在《論美國的民主》中陳述的

一般原因，也緣於美國特有的一些制度。但另一方面，民主制度中的許多事物卻對自由和個人主義產生了獨特的威脅。他談到「多數人暴政的危險」、輿論的偏狹、對統一與平庸的崇尚，以及對古怪、多樣和卓越的狐疑。在篇幅極短的「文學貿易」一章開篇，托克維爾那貴族式的蔑視一閃而過：「民主不僅給貿易階層注入了文學品位，而且為文學帶來了貿易精神。」不過他說得有理。

他在下卷第六章的一個段落中表達了深深的恐懼，這段話必須充分閱讀，才能捕捉到他那重要理論的令人激動之處。

我試圖追溯專制主義在世界上可能表現出的新特徵。首先引起人們注意的是無數的人，人人平等而相似，不斷地努力獲取微小的點滴愉悅，讓它們充斥於自己的生活。他們中的每一個人，分散居住，對於所有其他人的命運來說都是陌生人。孩子和私交對他來說便是整個人類。至於其他同胞，他離他們很近，卻看不見他們；觸碰他們，卻感覺不到他們；他只存在於自己當中，只為自己而存在；如果說他還擁有親屬關係，至少可以說他已經失去了自己的國家。在這種人類之上，有一股巨大的守護力量，獨自承擔起責任來讓他們獲得滿足，並照看着他們的命運。這種力量是絕對的、縝密的、規律

的，富有遠見，又很溫和。它像是父母的權威，如果和父母一樣，它的目標是讓人長大成人的話；但是相反，它試圖讓人永遠處於童年：如果人們除了歡樂一無所思，那麼只要他們高興，它就很滿足了。為了人們的幸福，這樣的政府甘願受累，不過它情願擔任這種幸福的唯一代理人、唯一仲裁者；它確保他們的安全，為他們預先準備和供應必需品，促進他們的歡愉，管理他們關心的主要事項，指導他們的產業，調節資產的繼承，細分他們的遺產：如果還有什麼，那就是讓他們省去所有思考的憂慮和生活的煩惱。

這段話是修辭性的，有點過頭，完全不講政治正確，對現代趣味大加嘲弄；這種社會孤立的景象有點誇張（雖然許多現代社會學家也曾經在談論中用到「孤獨的人群」「異化」「失範」或「獨自打保齡球」等類似的詞語）。但是這個問題十分嚴重，迫使我們去思考基本的問題，而不是下一次的選舉結果或者鄰居的想法。這段話曾被誤讀為對20世紀中葉極權主義的預言，忽略了「富有遠見，又很溫和」的表述；它想表達的恰恰相反。托克維爾說的並不是個人會被意識形態化，被領袖或黨派動員起來，相反，他們會變得愚笨，對共同的政治行動失去興趣。這更像是奧威爾在《一九八四》中對無產者的諷刺描繪，他們同時被恐

怖和官方炮製的「無產者草料」貶低至無能為力和無關緊要的境地(既是對奧威爾的時代也是對我們的明天的諷刺)。也許,托克維爾的這段話與老式的保守黨對福利國家可能產生的影響的批評有一些共同之處,現在看來已經不幸地越來越得到普遍接受的是,人們對此失去了控制。不過,這也是對消費社會的一種可能的批判。

民主的優點和辯護

在上卷的「多數人在美國的無所不能及其影響」一章中,托克維爾更為充分地表達了自己的擔憂,沒用那麼多修辭;其前一章是「美國社會從民主政府獲得的真正優勢」,後一章是「在美國維護民主共和制度的主要動機」。美國人的優勢在一定程度上是歷史性的。為革命發起的戰鬥,是為了維護殖民者對其原初和固有的自由所懷有的觀念。其中沒有如法國出現的那種慘烈以及社會連續性的暴力中斷。他預見到了奴隸制問題的麻煩,認為這與美國普遍的民主和自由觀念是不相容的,但他敏銳地看出,奴隸人群想要享有這些權利,而不是認為它們來自敗壞的源頭而試圖加以摧毀。美國法律和個人權利受到廣泛尊重,憲法和法律界保護着這些權利 —— 托克維爾對小鎮律師的實際能力和行事公正有些樂觀。不過最重要的是,他

注意到大多數美國人懷有公共精神（這種精神在共和國早期對其他旅行者來說顯而易見），並願意嘗試幾乎任何東西——普通人崇拜，後來被稱為「做得到」精神。他說，儘管有「輿論暴政」，但用傑斐遜自己的話來說，正在不甚牢靠地出現一個「天賦和德性的天然貴族群體」。這些人能夠保持貴族在技術和卓越方面的美德，讓它們不致被特權和社會等級的舊制度蕩滌。

最重要的是，他注意到沒有中央集權的行政管理，有效的地方自治無處不在，新教教會數量眾多且不受干涉，另外還有許多志願者協會和互助俱樂部。他創立了一種新的政治理論，其基礎不是國家主權，也不是雅各賓派聲稱代表的人民主權，而是後來的論者們所稱的多元主義。民主不是「人民」與國家之間（雅各賓主義）或個人與國家（自由主義）之間的直接關聯，而是中間組織、國家與個人權利之間的持續相互作用。現代以前的思想家們把中間組織斥為令人沮喪的秩序或改革：霍布斯曾經把「社團」（corporations）稱為「政治體內臟中的蠕蟲」，「如果沒有分權的主張，英格蘭就不會陷入不久前的內戰」。盧梭憎恨它們，視之為封建餘孽，顛覆了普通民眾的公意；邊沁把它們整體視為「陰險的利益」，認為其妨礙了統一、理性的立法，這種立法以最大多數人的最大幸福為目標，而不是為了促進社團利益。托克維爾卻看出了多樣性的好處：

政治協會、商業協會或製造業協會，甚至是科學協會和文學協會，都是共同體中強大而開明的成員……通過捍衛自己的權利免遭政府侵犯，它們拯救了國家的共同自由。

不過他又說，一個社會是多元的還是單一的，這個問題在一定程度上只是關於先前歷史的客觀問題。道德因素總是存在的。對於相同的事件可以有不同的態度。他只是說，如果一個人在民主制度下對自由是認真的，就應該容忍相當多樣化的群體利益，不論這有時候看起來多麼不民主。他還區分了政府集權和行政集權。對他來說，民主政府應該積極而有力，這既是必要的又是可取的 —— 當然，要在憲法的界限以內。他說：「我們的目的不應該是試圖使政府變得軟弱、懶惰，而只應該是防止它濫用自己的才能和力量」，這意味着保留並鼓勵省級和地方的行政職能。

他總是強調選擇。在《論美國的民主》最後一卷，他脫開第一卷也是更著名的那一卷中關於美國生活的那些有時妙趣橫生的細節，總結了自己的論據。他的論點簡單、明瞭地表明，歷史提供了多種備選方案，我們必須加以選擇。自由是道德上的自由：先考慮某種情形的事實，而後選擇和行事，使他人自由選擇的空間至少不會受到損害，而「他人」既是個人也是群體。我們不一定總是這樣做，且通常不會這樣

做。我們可能不希望挑戰多數的意見，或者可能會偏偏認為，始終如此行事是人之個性的真實而可信的標誌。但托克維爾不過是說，我們應該選擇以這種或那種方式行事，有道德地、有見識地做出選擇，在此過程中如果我們把他人當作平等的人，對方也可能如此對待我們。

　　沒有任何保護機制可以完全從一個國家複製到另一個國家，或者如果複製了，可能會產生相同的結果。歷史和歷史之間、文化和文化之間是有區別的。但是美國的例子足以表明，對某些法律和習俗的自覺而理性的忠誠，甚至能夠約束多數自身。沒有任何法律能夠不依靠其背後的意志而運行，但是沒有機制，僅有內心的意願是徒勞的。所以對托克維爾來說，一如對亞里士多德來說那樣，行動和認知必須齊頭並進。與他人一起行事時，個人在最佳狀態下也只能做好自己。國家如果根基深厚，地方穩固，就會強大，而效忠是有條件的。美國的聯邦制並不會削弱權力。19世紀初期，英國托利黨的辯論家們不斷預言美國要崩潰，因為在制衡和分權體制下，沒有明確的主權來源。但托克維爾暗示，聯邦制是極為強大的權力來源。自由不會削弱權威，它是唯一能夠不靠強力或欺騙而得到接受的權威來源。他的結論似乎是，如果在民主的多數主義和自由之間能夠實現恰當的平衡，人們就能接受民主，發揮其優勢。

也許他立論極好，或者像理論家們常常所做的那樣，表明了其他人獨立得出同樣結論的邏輯，以至於終有一天美國人和越來越多的歐洲人會理所當然地認為「我說的民主」必定同時意味着自由和平民政府——還有什麼？緊張關係依然存在，儘管我們現在可以稱之為對民粹主義而不是民主有些懷疑。在法國，當所有人都以自命不凡的乏味證據聲稱「托克維爾先生如是說」時，它幾乎成了流行語。就這樣吧。使艱難的事實被接受為平庸乏味，也是不小的成就了。在拙著《為政治辯護》的開篇，我說我想「讓一些陳詞濫調變得意味深長」。現在我還是這個想法。

第五章
民主與民粹主義

八十七年前，我們的先輩們在這片大陸上創立了一個新國家，它孕育於自由之中，奉行人人生而平等的原則。現在我們正在涉身一場偉大的內戰，考驗著這個國家或者任何一個如此孕育、奉行此道的國家是否能夠長久存在……正是我們這些還活著的人……在此獻身於擺在我們面前的偉大任務……即讓這個國家在上帝的護佑下獲得自由的新生，讓民有、民治、民享的政府長存於世。

（亞伯拉罕·林肯於葛底斯堡，1863年11月）

獻給親愛的共和國，在她平等的法律之下，我與任何人都不分尊卑，儘管我在自己的祖國被剝奪了平等。我在此獻上這本書，懷著強烈的感激和愛戴，這種情感本土出生的公民既感覺不到也無法理解。

（安德魯·卡內基，《勝利的民主：共和國的五十年進軍》，1887年）

圖8　亞伯拉罕‧林肯 (1809-1865) 肖像習作，馬修‧布雷迪繪於 1863 年

葛底斯堡演說是獻給在最近的戰場上建立的國家公墓的，當時內戰尚未結束，這段話試圖把《獨立宣言》中所包含的自由觀念以及寬泛的多數主義民主觀念「民有、民治」，統一進美國人的政治意識，使其變得神聖。林肯故意將《獨立宣言》在道德上置於憲法之先，畢竟憲法沒有提到平等，而且容忍奴隸制。反對廢奴的聯邦主義者憤怒地抗議說，總統在這次面向人民的演說中繞過了憲法，一如他在解放奴隸的宣言中所做的。但是，戰爭有時是社會變革的加速器，能強化共同的價值觀。當首席大法官在戰爭伊始抗議林肯通過總統令把電報公司收歸國有時，林肯曾說，坦尼應該在戰爭結束後把他的人派過來和自己的人談談。民主國家必須自衛。

到1850年代至1870年代中期，美國的例子表明(實際上僅僅它的存在就表明)民主是可能的，它正是個人自由和平民權力的這種混合，即使是在一個大陸國家，而不再是在擁有廣闊腹地的城市。美國內戰爆發時，歐洲各地的保守主義者曾放言「告訴你吧」，民主會導致無政府狀態，正如他們通過研究經典作品和法國大革命所得出的那樣。但是，北方的勝利、奴隸的解放、北方工業的經濟實力、由國民構成的軍隊的愛國主義以及林肯的言辭給了他們答案。卡內基這本書的書名當然會提醒他們，民主的資本主義社會已經勝過了種植園主們的農業式「棉業集團」。

當載着移民的船進入紐約港時，首先迎候他們的是自由女神像，上面鑴刻着：

送給我，你那疲憊而窮苦的人們，

你那擁擠着渴望自由的大眾，

被遺棄在你海灘上的人們，

給我，在風浪中顛簸的無家之人，

我在金門邊舉起燈盞！

卡內基是對的。在他遷移到「自由之地」後，祖國仍然沒有給他選舉權，實際上他的父親由於要求「一人一票」、每年召開議會和實行無記名投票，一直作為憲章派煽動者被監禁於蘇格蘭。美國體現了民主的原則，正如在20世紀的大部分時間俄國將要體現共產主義社會原則一樣。難怪19世紀的哈布斯堡帝國和羅曼諾夫帝國都禁止教授美國歷史。

難堪的事實

那個時候，誰也無法明智地把英國的議會制政體稱作民主的。居於主導地位的是對紳士的崇拜，而不是對普通人的崇拜。卡內基讀過羅伯特·彭斯的詩句：

瞧那傢伙，號稱勳爵大佬，

就會趾高氣揚、瞪眼看人那一套。

雖然有那麼多人對他言聽計從，

也不過是個草包。

他身掛綬帶勳章，

而獨立思考的人

看到了只會發笑。

但是，諷刺和對民主的濫用只不過是使英國選舉權的增長有意地、驚人地放緩。儘管民眾反響強烈，1832年《改革法案》與民主並無哪怕些許的關聯：它把舊的基於財產的選舉權置於統一的、更為合理的基礎上，只把選民人數從43.5萬增加到65.2萬。黑格爾把1832年以後的英國政制稱為「世界歷史上自由原則最為深遠的進步」。1867年《改革法案》是對工人階級躁動的回應，比1832年《改革法案》要重要得多，但是新的財產和地租資格限制只是為了讓熟練工獲得選舉權。到1869年，約三分之一的成年男子獲得了投票權，1884年的法案又把這個比例提高到約40%。格拉德斯通和迪斯雷利都不相信完全民主的選舉權：格拉德斯通是道德家和漸進主義者，迪斯雷利則是寬容的機會主義者。但是，如果說1867年《改革法案》並不完全民主，它確實創造了大量新的選民，使得政黨制度必須越出西敏寺，有史以來第一次在全國範圍內組

織和競選。政黨領袖既要在國內拋頭露面，又要忍受來訪的數量極多的權力掮客，這些人口音粗魯，分別來自伯明翰、謝菲爾德、曼徹斯特和北方的那些工業城市。在主張婦女參政權的女性們進行激烈辯論、發起公民不服從運動後，把婦女同樣納入其中的普遍選舉權，直到1918和1928年《人民代表法》出台才走過了令人不安的階段。戰爭的緊迫性（不是什麼悅耳的理由）改變了議會的意見。在工會和勞工運動日益增多的情況下，民主實踐普遍存在，但在議會和議會選舉中則不然。

在英國自由黨內部，關於政制是否應該更為民主的辯論越來越多——勞埃德·喬治在20世紀初便如此主張，但是他的上級阿斯奎思認為已經足夠民主了，就這樣吧。難道英國沒有新聞自由、言論自由，地方治安官不容忍民眾聚會嗎？「公開發表議論的地方」（The platform）比選舉權範圍增加得更快。

保守的領導人重複了許多老式論點，講到民主的危險之處，但是漸漸地，這個該死的以「D」開頭的詞前面的限定詞被忽略了——「肆無忌憚的」「耳目閉塞的」「過於氾濫的」或「缺乏教養的」，民主的危險也被忽略了。類似約瑟夫·張伯倫這樣的人物，與之前的迪斯雷利一樣，極有信心地認為人民可以被「駕馭」。張伯倫的權力基礎寓於「伯明翰核心小組」（caucus，從美國政界引入的術語），卻在1886年

THE TWO AUGURS.

圖9　在龐奇先生看來，格拉德斯通和迪斯雷利是急於預見未來政治的高
　　貴羅馬人

格拉德斯通的《愛爾蘭自治法案》問題上與自由黨決裂，擊敗了政府，讓自己的追隨者以統一黨的面目與保守黨結盟。他有本領以各種名義來駕馭新的選民，這些名義包括國王和國家、帝國式愛國主義、自由貿易，或者帝國的關稅優惠——任何能夠確保「為大眾提供廉價食物」的東西。

「民主」並不是一個能夠把國家凝聚起來的詞。即使是在學術著作中，對英國的制度也不應該以民主相稱。該制度首先是在報刊上被冠以「民主的」稱謂，1916年中期在議會中該稱謂則叫得相當頻繁，當時英國在索姆河戰役中的可怕損失呼喚著為「我們為之奮鬥的東西」正名，這種東西比「國王和國家」更為偉大，後者不過是對工廠工人和新兵蛋子，尤其是身處凱爾特邊緣地帶的新兵蛋子更有吸引力的戰鬥口號(*sluaghghairm*)。當伍德羅‧威爾遜把美國帶入戰爭時，就官方層面來說，戰爭的目的變成了「拯救民主」——雖然國會隨後對任何國際層面的民主都失去了興趣，駁回了威爾遜提出的加入國際聯盟的請求，為此聯盟他傾注了希望，也用盡了最後的心力。戰後工黨的領導人急於與蘇聯共產主義拉開距離，顯得更有興趣利用現有的議會制度為「人民」掌權，而不是把這種制度往民主的方向上變革，使其社會主義色彩更淡。然而，工黨運動中存在着緊張關係。當時「城市社會主義」力量強大，與工會和合作社一樣，在決

策過程及其平等主義目標方面都是民主的。有兩種民主社會主義理論：一種是它應該在社會、準自治小團體、地方工會和地方政府的基礎上建立起來；另一種是核心權力必須着眼於人民的利益、通過西敏寺在白廳宮中獲得利益——這是費邊社的理論、韋伯夫婦的理論以及今天新工黨(雖然有了「人民」的新形象)的理論。

沃爾特・白芝浩的名著《英國憲法》(*The English Constitution,* 1867)曾被解讀為一部客觀的、描述性的作品，屬新型的現實主義，就像馬奈《草地上的午餐》，與學院派的畫作恰成對比；如白芝浩在關於君主制的那一章所說的，「考察一位退休寡婦和失業青年的行為如何變得如此重要，真是令人愉快」。但是，還不只是現實主義。這本書是為1867年《改革法案》之爭所展開的論辯。作者身為自由黨黨員，警示了民主的危險，也提出了規避這些危險的多種方式：「女王身份尊貴，她的作用不可估量」——那一章開篇便是這句話。在這本書1872年第二版的引言中，他說得清楚明瞭，生怕人們讀不出弦外之音：

> 用平實的英文來說，我擔心的是兩黨都會爭取工人的支持；只要他告訴他們自己喜歡什麼，他們便都會答應按他的意願行事……對於一群貧窮、無知的人來說，兩個教養良好的富人團體不斷主動遵從他們的決定，並爭奪執行這些決定的職位，我無法想

像還有什麼比這更為腐敗、更為糟糕的了。如果以這種方式工作，人民的呼聲（Vox populi）將變成魔鬼的聲音（Vox diaboli）。

白芝浩繼續說，他最擔心的是持久不變的「下層階級的政治聯合……既然他們當中這麼多人有選舉權……擔心無知凌駕於教導之上，人數凌駕於知識之上」。至於他的擔心到頭來為什麼是杞人憂天 —— 即使工會運動和工黨在不斷壯大 —— 則是另一回事。它的重要主題或許是，托利黨和自由黨的大人物們不得不學會扮演煽動家，就像羅馬貴族一樣；白芝浩用對那句口頭禪，即「人民的呼聲，上帝的聲音」（Vox populi, vox dei）的蔑視來呼應他們的擔心。當格拉德斯通（又一次）從退隱狀態中復出，要求英國干涉土耳其對亞美尼亞的暴行時，他在從火車背後展開的著名的洛錫安郡競選中發表演說，還在其他議員的選區中發表演說，讓人立即擔心英國政治正在變成美國式的。

民粹主義

美國的大眾選舉權（當然，婦女和黑人是被無視的）傳播了一種政治風格，這種風格當然不是全新的，卻從謹小慎微、有理有據的論證方式中掙脫出來，彷彿實際上是在試圖說服；那就是早期共和國的「公民

文學」的風格，甚至是有關奴隸制和分裂國家的辯論的風格，也是英國議會辯論的風格。這種老式風格適合於人數較少的政治階層，他們往往通過友誼，甚至家族淵源，至少是通過社交熟人和共同的行為準則結合在一起。但是，要想在群眾大會上發表演說或者呼籲大眾選舉權，則需要領悟和激起共同情感的力量。最偉大的藝術就是率而直言，把簡單的語言與常識和智慧結合在一起，就像林肯那樣——當時在他那些流傳最久、最為著名的演說中，那種樸實無華、不甚體面的語言受到了極大的批評。但是，最惡劣的藝術堪稱，而且也的確是「煽動暴民」。

民粹主義經過演變，意思上有許多指向，我把它視為一種試圖激發多數人的政治和修辭風格，至少是他們的領導者熱切相信的多數人(一如現在的「道德多數」，顯然是少數派)，他們曾經身處或者認為自己身處政治體系之外，受到教育良好的統治集團的輕蔑和鄙視。如果說上流社會的文明辯論是在法院和民選議會中得到磨礪的，民粹主義演說者的技巧則往往是在福音派佈道和培靈會上得到磨礪，或者是以其為範例的。當今時代，我們很容易忘記佈道的影響，至少在英國是如此。美國革命中的佈道影響的人數更多，影響力可能不弱於城鎮會議上的辯論或立法機構中的極少數議員。在英國，第一次由普通人參加的民眾大會是在衛斯理復興運動中。更早些時候在蘇格蘭，「國

民誓約」[1]的盟約人在田野裏或山坡上進行類似的聚會，卻受到了鎮壓；所以，直到兩個世紀之後的憲章運動以及後來的工黨運動，才在公共建築或城鎮廣場舉行了鼓動性的會議。

在美國，我們現在所說的「民粹主義」或「民粹主義民主」，表現為鄉村利益與城市的對立。因為在這兩個地方，居住着傑斐遜和傑克遜的大部分「平民」。直到1930年代，大多數美國人才居住在人口超過三千的城鎮。歷史學家理查德・霍夫施塔特發現，美國民粹主義的獨有特徵「很大程度上來源於美國的企業家激進主義傳統」。在其他地方，民粹主義植根於與土地捆綁在一起的農民，他們部分由貴族階級或地方上的大莊園顯貴所有，就像在沙皇俄國，甚至是今天的南美和印度一樣。而美國農民，無論其農場多小，無論多麼貧窮，都是終身業主和強烈的個人主義者；他們會出於共同的不滿而採取集體行動。共同的敵人一成不變，包括「政府」（今天的「公民民兵」討厭政府）、銀行家、鐵路公司和資本主義制度 —— 不知何故，天主教會、猶太人和黑人常常也要對貧困農民的悲慘命運負責(霍夫施塔特稱之為「美國政治中的偏執」，也是他一本書的書名)。但是，如果農民感覺受到了迫害，那是因為他們事實上經常有此遭遇。他們選擇的特許專賣補救措施往往過於簡單，不適於緩

---

1 1638年蘇格蘭長老會教友反對英國國教會的誓約。

解所遭受的痛苦。民粹主義演說家威廉‧詹寧斯‧布賴恩以「黃金十字架」演講橫掃了1896年的民主黨大會，要求恢復銀幣，與「釘在十字架上的黃金」一起成為全國貨幣。作為民主黨總統候選人，同時又得到人民黨的支持，布賴恩獲得了可觀的6 502 925票，麥金利得到的票數為7 104 779。民粹主義作為一項全國運動的最大勝利是禁酒令，即1919年的憲法第十八條修正案。但是，今天「道德多數」的部分目標和策略就屬這種類型。沒有人向普通人推理《聖經》的字面真理，他們的呼聲總統們聽得到。

霍夫施塔特引用了1893年艾奧瓦州一位小冊子作者的話，庶幾對此作了概括：

> 在人口眾多的國家，每當農業上的奮進作為獲取財富的手段成為次要之事時，就可以肯定，已經超乎其上的各種職業是在一些不正常和不公平的人為刺激下運行的。

這幾乎是盧梭又現身了：人為地威脅着自然的，這是鄉村和自然的價值觀，與城市的價值觀以及誘導的人為知識之間長期鬥爭中的一個事件。當然，對此還有另外一種說法：農村是「鄉下迷信」的所在地(正如馬基雅維里在歐洲所說的，以及亨利‧門肯在美國所說的那樣)，也是反動軍隊的招募場，這些軍隊對自由

公民的那些吹毛求疵的價值懷有敵意或漠不關心。或許，我們應該嘲笑席勒發起浪漫主義運動時的恐慌，當時他聽說斯瓦比亞[2]有一家工廠；不要忘記，布萊克那「黑暗的撒旦工廠」雖然黑暗，卻關乎工業國家生活水平的大幅普遍提升，後者又與有效的民主有關。

資本主義民主與自由主義

到1886年，當那些詩句出現在新豎立的自由女神像上時，美國的民主認同正在被重新想像。如報紙編輯霍拉斯·格里利所吟詠的，有人會繼續說「去西部，年輕人，去西部」，但在這片土地上勞作正在失去吸引力，對移民和本土出生的人來說都是如此——除了淘金熱的「快速致富」誘惑，或者更像是四輪篷車上所寫的「要麼去加利福尼亞，要麼破產！」，隨後便「破產了」。《從小木屋到白宮》(*From Log Cabin to White House*)是一本頗受歡迎的書，後來成為一類大眾文學的濫觴，只是此後的那些版本在某種程度上不得不變成「從住所到會議室」。自耕農的早期共和主義理念正在讓位於城市資本主義的美德，以及對城市大眾的關心或恐懼。某種在美國政治中漸漸演變成的（不成功的）「民粹主義反叛」，其成因既是由於失去了尊重，也是由於貧窮、農業大蕭條以及不斷增長的

2　德國西南部的一個前公爵領地。

銀行負債。城市資本主義必須找到民主的合法性。

這種合法性在大眾文學和社會理論中都能找到。就在「強盜式貴族」的時代，其中也包括內戰後的鐵路和鋼鐵大亨以及銀行家(大家都知道，皮爾龐特‧摩根曾問克利夫蘭總統：「朋友之間的憲法是什麼？」——當今的石油大王和礦業利益集團則更為謹慎)，湧現出一種大眾文學，即所謂「成功小說」。其中最有名的或許是霍雷肖‧阿爾傑的《從赤貧到巨富》(From Rags to Riches)。民主資本主義的口號變成了「頂部容得下所有人」。阿爾傑努力文飾這種謬誤(奧威爾在很久以後則嘲笑競爭性社會的道德，稱「競爭的麻煩在於有人要贏」)。在《盧克‧拉金的運氣》(Luke Larkin's Luck)中，盧克是浪跡街頭的貧窮孤兒，卻勇敢地拒絕加入由一個叫米奇‧麥奎爾的人當老大的街頭幫派，誠實而明智地把給紳士們看馬和跑腿掙到的每一美元一個子兒一個子兒地存進銀行。阿爾傑告訴我們，米奇‧麥奎爾是「民主黨人中最壞的那一種」，他「在選舉日威脅可敬的選民」(大概是從坦慕尼協會[3]拿了好處)，總的來說他「說話大聲，舉止粗暴，目無上級」。盧克‧拉金則是「民主黨人中最好的那一類……是同僚們的好幫手」，他尊重法律，工作勤勉而誠實，一有閒暇就前往免費圖書館，努力提

3　由慈善團體演變成的一個民主黨組織，1789年成立於紐約，在19世紀劣跡斑斑，成為腐敗政治的同義詞。

升自己。不過，問題很明顯，即頂部沒有空間容納每個人。然而，當一位百萬富翁的女兒落水時，盧克碰巧在東河[4]邊散步，冒着生命危險救下了她。在其他類似的小說中，盧克們則攔下受驚狂奔的馬群，救下無人駕馭的馬車中其他百萬富翁的女兒們。在每一種情形下，主角都在賬房得到一份差事，隨後迅速高升，有時還娶了那家女兒。阿爾傑左思右想，「其中有一些運氣，我承認」，但是繼續聲稱，要不是盧克有美德在先，運氣是不會來的，而且要不是有這種美德，他也不會在得到的差事上表現那麼好；同時強調，他想要一份工作而不是一把美元作為報酬。辛勤勞動、美德和一點點運氣，成就了所謂的「民主的財富福音」。這的確是民主的，因為即使頂部容不下所有人，世人還是認為，不管身處哪個階層，任何人都可以登上頂部。當時的大多數傳教士(今天的許多傳教士也是)認為，財富是天國對美德的獎賞，儘管富人有義務從事慈善事業，有義務慷慨仁慈 —— 這是他們自己的最佳判斷。

從理論上來說，民主資本主義的合法性，可以從赫伯特·斯賓塞的《人與國家》(*Man versus the State*)在美國的極度暢銷和超級人氣中窺見一斑，其程度更甚於在這位預言者自己的國家裏。他的社會學是把對不可避免的進步，即「社會達爾文主義」(托馬斯·赫

4　美國紐約州東南部的海峽，位於曼哈頓島與長島之間。

胥黎「自然法則」，即「適者生存」的變化形式)的信仰，與極端的自由放任，即自由市場理論有力結合起來。他主張，社會是一個系統，如果國家不加干預，會實現自然的平衡：每一次改革的嘗試幾乎總是打破這種平衡，只能是用一種惡代替另一種惡。如果說有時社會確實露出「腥牙血爪」，那也是不可避免的，因為進化方面的發展在把不適者從適者中淘汰。該學說有一小群論者，其中既有學者，也有通俗作家。它受到新晉富人的歡迎，這些人確實遇到了難題，不是關於國家所有權的，幾乎也無關社會主義(儘管其中有些人擔心它處於理性和局部原因之外)，而是與國會對運河、鐵路、公用事業、公司法以及公共土地的使用大有關聯。這些監管措施往往是對地方政治壓力的回應；監管者於是與傳統富人和老的統治精英的父權思想聯繫在一起，在托克維爾的意義上不再反民主，當然也不反資本主義，而是傾向於以一種實用主義的方式過度干涉自由企業，還自認為是在負起責任。「自由主義者」這個詞開始附加到他們身上，不論他們在政治上屬共和黨還是民主黨，這一點又主要取決於他們居住在國家的哪個地區。

「自由主義」已經出現了兩種用法，它們將持續存在，各司其職。一種用法實際上是自由放任的資本主義和自由市場經濟學的同義詞。另一種用法則更強調政治和文化方面。個人自由必須最大化，但是所有

人的自由都可能受限於少數人不受約束的自由。因此，必須強加一些監管體系——反托拉斯立法成為其中的範例。但是公民自由也需要特別保護，既是針對濫用自由企業精神，也是針對濫用民主選舉權：法治(憲法，特別是《權利法案》，以及聯邦法院)必須限制個人主義。20世紀頭十年的「國家公園」運動表明，這種自由主義中蘊含的文化價值願意站在資本主義更為狂野的一面，甚至把礦業、鐵路以及不久以後的石油利益都承擔起來，並取得了一些成功。

資本主義民粹主義

卡內基的《民主的勝利》既顯示了這兩種自由主義之間，也顯示了它們各自與個人主義之間的緊張關係。他對適者生存的理解完全拘泥於字面，以至於要面對資本積累問題。那個白手起家的人是民主的英雄，但他應該如何利用自己的財富？他反對「富人的兒子」，為之爭辯。這樣的「兒子」錢不是自己掙的。繼承的財富腐蝕了賺取大量財產和守住財產所需的美德。他說：「死時富有的人應該受到詛咒。」進化規律要求百萬富翁散出錢財。當然，進化也要求他授意手下的管理人員派遣一駁船武裝的平克頓的人，以最血腥的方式破壞伯利恆鋼鐵廠中毅然決然、不顧一切的罷工。但是，卡內基世界和平基金會是真實存在

的，資金充足。直到1914年，卡內基都和所有自由主義者一樣認為，新的全球經濟以及關稅壁壘的降低將確保資本主義國家之間的和平，確保戰爭逐漸消亡。

但問題仍然是，如何在不干涉進化過程的情況下在國內花錢。赫伯特・斯賓塞曾在一場由紐約的金融家們為他舉行的盛大宴會上發表演說，講到甚至連在乞丐的杯子裏放下一毛錢都是輕率的極度不公。他拖長聲音說，乞丐把這一毛錢拿去買啤酒或香煙，而不是用來拾掇自己以尋找工作，這一點都不奇怪。對窮人的救濟只會使那些不適於進步的人長期存在。那麼，如何不給人錢財又幫助他們自助呢？對於卡內基來說，答案突然變得很明顯，就像長期以來對密爾來說那樣明顯：進行教育，對卡內基來說則更為具體，即提供免費的公共圖書館。他不僅在美國，而且在生身之地蘇格蘭四處建館(不經意間使許多小自治市傾家蕩產，因為卡內基捐贈建築的唯一條件是要用書來填滿，而圖書館可供選擇的最小樣板通常也嫌太大)。身處芝加哥的愛爾蘭裔幽默作家杜利先生曾從卡內基的管家那裏聽說，一個流浪漢在門口要一杯牛奶和一個麵包卷。「不，不要讓那個窮人再窮下去了。給他一座圖書館。」卡內基還買下了英格蘭和蘇格蘭的省級報紙，代表格拉德斯通和自由黨的利益運營。這是不是出於尋求特殊待遇的動機，而粗暴侵入另一個國家的政治？遠遠不是。他不是默多克，不需要從格拉德

斯通那裏尋求優待。他只是想加快民主不可避免的進化過程，英國在此過程中有些落後於美國了。

當然，還有另一種城市民粹主義者，也是城市資本主義民主同樣奇怪的產物。他們的確發放了一點牛奶、一些麵包卷，還提供了許多崗位：愛爾蘭移民的新的城市政治核心組織，後來還包括意大利移民的。阿爾傑的米奇·麥奎爾將為他們工作，並且確實經常威脅相當數量的選民不要參加投票。但是在其他城市，坦慕尼協會之類組織的老闆們是屬人民並服務於人民的，儘管林肯說的「受治於人民」（by the people）還看不出來。坦慕尼協會的一位領導人（sachem）兼市長理查德·克羅克的代理官員，一個名叫喬治·華盛頓·普倫基特的人，有過一個著名的哲學思考：「絲襪原則固然很好，但是它們無法讓你在第十四選區走得很遠」，在該區「談論莎士比亞也是徒勞」。當然，對選舉腐敗的這種友好的寬容，只要是由人民做出的，就並沒有完全消失，並且遠遠越出了大城市，有時甚至決定着總統選舉本身的結果。

所以，自由主義民主在美國有不同的模式，但在總體上佔主導地位的意識形態是自由主義。美國並沒有歐洲意義上的真正的保守主義傳統，也沒有社會主義。關於保守主義和社會主義都有許多著作問世，但兩類著作對政治和文化都沒有任何持久的影響。這就是我在美國民主上著墨頗多的原因，因為與舊世界那

圖10　伍德羅·威爾遜會見國會議員，由馬克斯·比爾博姆根據想像繪製

更為意識形態化的政治分歧和階級–文化分歧相比，在美國，憲政和個人主義的力量以及民粹主義的弱點對全世界來說依然無比清晰。路易斯·哈茨在《美國的自由主義傳統》(*The Liberal Tradition in America*)中寫道：「原子式社會自由這一現實，是美國政治思想的主要假設。」他認為那項傳統是自由主義的。對於歐洲人來說，這不過是悖論，他們的傳統一直是保守主義的，他們對民主，甚至自由主義民主的概念本身一直有些不安或困惑，無論我們如何自稱。H.G. 韋爾斯在1906年一本富有創見的旅行書《美國的未來》(*The Future in America*)中說：

> 美國社會……並不完全對應於整個歐洲社會，而僅僅對應於其處於社會中層的大眾，對應於貿易和制造階層……它是歐洲有機體的中心部分，既沒有懷着夢想的頭部，也沒有從屬人的腳部……從本質上講，美國是一個由中間階層演變而來的社會，所以它的基本問題就是屬現代個人主義社會的，明顯而清晰，不受任何封建傳統的束縛和映照，無論是在頂部還是底部。

當代民粹主義

進入今天的世界，民粹主義只有一個相當有趣的

例子。兩年前，倫敦周日小報《世界新聞報》（*News of the World*）的編輯決定公佈已經獲釋的戀童癖患者的地址。與此同時，《老大哥》電視節目正在第四頻道播放。在那場遊戲中，觀眾每週可以投票，一個一個地選出把誰從封閉的社區中攆出去，每一個時刻都進行電視轉播，直到（不完全是）僅剩下獲獎者。所以，當卡羅琳（不是嗎？）獲釋或被踢出的時候，人們可以很容易地從次茅斯一個遭到指控的、獲釋的戀童癖患者家門外面憤怒的暴民場景，切換到《老大哥》工作室外面的那些場景。當然，一群暴徒面容醜陋，恨意滿滿，有暴力傾向，而另一群暴徒尖叫着「我們討厭尼克」時，則興高采烈，很是滑稽。一群是真的，一群是做戲，但都是暴民。

漢娜·阿倫特在《極權主義的起源》（*Origins of Totalitarianism*）一書中，將「人民」與「暴民」區分開來。人民在政治上尋求有效的代表，暴民則仇恨自己被排除在外的社會。有趣的是，她稱暴民為所有階層的殘渣（被捕的足球流氓的社會階層和職業實際上比許多人認為的要混雜得多）。她聲稱，暴民是極為個人主義的，所有人在某種程度上都想當老大；除非出現一個有魅力的首領，把他們身處社會之外的感覺合法化，把他們的共同仇恨凝聚起來，使之比間歇性的騷亂延續更久。當然，我們的兩組暴民從社會中遭到排斥的方式迥然不同：按社會剝奪的許多標準衡量，處

於破舊的保羅斯格羅弗住宅區裏的暴民，是從客觀上被排除在外的；仿真陳述工作室人群中的暴民則是主觀上遭到排除的，他們樂於將自己排除在嚴肅和社會責任的傳統觀念之外。我們不妨把這兩者分別稱為充滿仇恨的暴民和虛張聲勢的暴民。

因此，第四頻道實際上為虛張聲勢的暴民創造或改編了一檔精彩的娛樂節目，把遊戲節目與降格的、弱智化的紀錄片聰明地結合在一起，使部分人開始認真關注民粹主義如何在自由民主的文化中抬頭，其原因至少有四個。首先，它創造了自然主義的幻覺。幾乎所有的電視劇，不只是肥皂劇，都是為了讓我們看與己類似的人做容易識別的事；很少有想像、幻想或魔幻現實主義，雖然乍看之下，出現謀殺、強姦、其他暴力犯罪甚至風流韻事的頻率從統計學上來說是異常的。他們收窄而不是拓寬想像力的空間。不過，大多數人都知道所有這一切都是虛構的。但是請注意：記得我曾不得不告訴一位搭檔的11歲養女，我們在電視上看到的牛仔和印第安人並不是真的被殺了。她問我為什麼會有人願意幹這種事。這是仿真陳述的模糊區域，甚至成年人也會被愚弄或犯糊塗——那些電影知道肯尼迪為何被殺，或者會還原一位沙特皇室公主遭到的合法卻不公正的死刑判決。我們經常處於新聞與娛樂彼此混淆的世界。第四頻道愚蠢地聲明，《老大哥》節目是在嚴肅地報道人們在壓力下的反應。考

慮到監視錄像會遭到大幅刪減和編輯，幸福的家庭又深知自己可能出現在鏡頭上，這(用邊沁的話來說)就是在踩着高蹺胡說。

其次，《老大哥》賦予了觀眾宣判的權力，讓他們擁有民主參與和大眾權力的幻象，在這種情況下還是一種幸福的幻象，與拿到戀童癖患者的地址不同。「把他釘到十字架上，釘到十字架上！」不僅小報鼓勵這種心態，英國廣播公司也越來越如此。《今日》節目會問受害者的親屬，該如何懲罰犯罪者；或者出於明智的簡練，採訪一個普通人，以獲取(經常是)一種輕率、無知、充滿偏見的觀點，彷彿能代表「人民」；好吧，至少是一個真實的聲音，一個把各個地方的民粹主義聯結起來的充滿魔力的詞，不僅在藝術領域，也在新聞以及偶爾在政府事務中。

再次，《老大哥》吸引了一大群暴徒來到現場，觀看他們投票選出的人從與天堂相反的處境中被驅逐。主持人達維納風風火火地穿過他們，就像《愛麗絲》中一個狂亂的後現代主義益格魯–撒克遜信使，誘導並告訴他們臺詞，但是所有的腳本當然都不同於次茅斯的暴民頭子。她恰當地體現了聒噪的瑣碎淺薄或純粹的漫無目的。不完全是希臘的民主女神。然後，虛張聲勢的暴民就可以回家了，在電視圖像上看自己扮演充滿仇恨的暴徒。這就是當代的現實。

最後，《老大哥》完全改變了奧威爾隱喻的

思路。虛張聲勢的暴民中如果有任何一人去讀《一九八四》，必定會感到失望。奧威爾的「一號空降場」處於極權主義的專政統治下。電視屏幕斷然不是為了娛樂。在這裏，他沒有注意到在鼻子底下生長的東西。但是，今天的屏幕正在被用於監視，即使現在主要是為了娛樂。《老大哥》節目假裝是人民或虛張聲勢的暴民的聲音。好吧，我們是民主國家，不是嗎？為什麼人們不能擁有想要的東西？哪怕是一種民主的專政，或者托克維爾所說的多數人的暴政？不需要認知、理性討論，也不需要求助於權威和經驗。這就是民粹主義者所說的精英主義。那種情形我們一點也不想要。但要指出的是，如果電視和小報中那些躲在輿論背後又出於商業目的煽動輿論的人，真的懷着嚴肅的態度試圖確定它是什麼(不僅僅是通過察看數字、電子郵件、讀者來信，當然還有編輯的直覺)，民粹主義取代以善治、代議制民主和理性辯論為基礎的社會結構的理由會更充足。但是，專業的深度民意調查成本高昂。更為簡單、花錢更少的做法是，派個記者去尋找一個豐富多彩、善於表達的個人。一想起比阿特麗斯·韋伯令人洩氣的格言，即民主並非謬見的疊加，民粹主義的潮流就讓人震驚。不過等一下，說理、自由和人權必須限制多數人的意志或與之相互作用嗎？比如，看看死刑問題。

在《一九八四》中，奧威爾自己筆下老大哥支配

他人的方式，與《老大哥》節目中的情景喜劇、遊戲節目以及了不起的空洞言行有一些相似之處。黨員受到嚴密控制，但是黨內核心無意把無產者由間歇性的暴徒變成黨員。他們直接因文化上的降格而被排除在政治範疇之外，趨於弱智化，甚至避免想到去要求公平份額。記住，「真理部」有一個為無產者準備的特別部門：

> 這裏出版「垃圾」報紙，內容盡是體育、犯罪、佔星術、聳人聽聞的五分錢一篇的柔情小說、充斥着性愛情節的電影，以及完全通過機械手段、在一種被稱為「作曲機」的特殊萬花筒中譜成的感傷歌曲。甚至有一個完整的分區，即「情色區」，專門炮製最為低劣的色情文學。

這不是對斯大林和希特勒政權的諷刺，兩位先生都傳統而拘謹，盡力對大眾進行洗腦並加以動員。奧威爾的描寫是對英國大眾媒體的野蠻諷刺，是十足的、斯威夫特式的誇張或漫畫，其間遍佈着他那帶有嘲諷意味的悲觀主義。那時只有一份報紙能對號入座，即《世界新聞報》。

奧威爾極為認真地聲稱，資本主義面臨着至少在形式上有文化且自由的選民，它只能通過文化上的降格，即有意不充分利用文化水平的資源和潛力，來維

持一種極端不平等、不公正的財富體系。他是否對哈貝馬斯和新馬克思主義的法蘭克福學派有所瞭解？他們正是這麼主張的。我對此表示懷疑。老喬治可能是自己想出來的。煽動充滿仇恨的暴民的那位編輯，可能以為她憑本能就理解普通民眾，或者她可能只是在賣報紙。但她無疑以民粹主義的方式激起了一場暴民反動，相關問題需要的是敏銳而信息充分的領導、嚴肅的民主討論以及謹慎而富有同情心的思考，而不是倉促的行動。令人高興的是，媒體中一些理性的聲音開始提醒我們，與道路上有數百人死亡相比，去年只有五起兒童謀殺案，記錄在案的兒童虐待中有98%發生在家庭內部。小報所報道的兒童虐待案、謀殺案、福利乞討者、無能的醫生等，通常都經過充分調查並且是真實的（如果他們弄錯了，會有誹謗之虞），但這些案件往往在數字上微不足道，很少主動尋找或試圖找到總數或比較的數字。恐慌能製造新聞，比較性的統計則單調乏味且要求苛刻——那是精英的做派。

在這起規模不大卻很能說明問題的事件中，相比於對自發維持治安者的斥責，政界要員們以強烈得多的語氣更為頻繁地談到需要新的法律（除了聲稱有些報紙需要立法管制之外，沒有給出明確的理由）。鮑德溫於1936年責備比弗布魯克，說他行使「權力卻不承擔責任，那是歷代娼妓才幹的事」。我們能想像當代的某位總理或總統對默多克這樣說嗎？但是鮑德溫生活

在精英主義而不是民粹主義時代。或者說，莫非那更多地是政治勇氣的問題，訴諸人民最好而不是最壞的本能？也許需要的不是新的法律，人員配備水平和地方保障服務的培訓也屬這些問題的一部分，就像那些不幸階層中的教育落後和無法無天，其問題的根源在很大程度上寓於經濟中。（社會主義者和自由市場論者當真都會同意？）但是，我們並不願意為集體需求付出個人代價。有競爭力的減稅政治一直在實施之中，個人主義必須有所限制。奧威爾深知公眾感興趣的內容和公共利益之間的區別。他寫那本書的原因正在於此，書中的警告已經遭到了冷嘲熱諷的蔑視，其本身在《老大哥》節目中就被挪用為「無產者的飼料」。關於事務的決策，必定存在着某種更好的民主方式，而不僅僅是民粹主義的方式。民主的民粹主義模式更多地是一種喚醒政治而不是理性政治，也是一種偏離嚴肅問題的政治，這些問題需要以自由主義民主或公民共和的方式來解決。

第六章
現代民主的條件

為了民主，我們必須讓世界安全。

（伍德羅·威爾遜，國會演說，1917年4月2日）

有一個老人，他以為
街邊的門部分關閉了，
但是一些碩鼠吃了他的外套和帽子，
趁著那個庸碌的老先生打瞌睡時。

（愛德華·李爾）

　　當美國國父們聲稱「所有的政府都立基於人民的同意」時，他們要麼明顯說錯了，要麼就是在假定應該如此；他們認為政府這樣做的時候人民總是溫和的。他們相信，他們已經實現的，未來某天會廣泛普及。他們已經是一個由各州構成的邦聯，擁有某些形式的代表制議會，無論權力多麼有限，它們都屬希望獨立於任意外部統治的公民。那句有效的集結號角，即「無代表不納稅」，實際上隸屬於一條更為一般的主張：「無代表則不服從」或「只有民選代表制定的

才是法律」。後一主張正是密爾在《代議制政府》中要表達的意思，也是今天大多數人用「民主」直接指稱的。但對於大多數人來說，當價值和利益衝突或者小冊子在思想上引起擾動時，都想補充說，即使以民主方式制定的法律也必須尊重個人自由，尊重對人權的某種可以接受的表述。所有的政府都沒有得到同意，除了在一種清晰卻幾乎微不足道的意義上看，即使是一個軍閥，如果想要睡覺也必須相信警衛，這是某種意願之繭或誘導的同意。但是，在工業化和全球化的現代世界裏，任何想要調控這種社會轉型的政府都需要大眾的同意——這就是為什麼那麼多軍事獨裁政權自稱是民主的，而且在這個詞的原始意義上也的確是民主的：它依賴積極的大眾支持，而老式的農民社會中的專制君主或獨裁者則無須如此。

所以，現在我正在與一項基本的誤解搏鬥。嚴格地說，我是在一本以「民主」為名的書中敘寫民主，但是大多數讀者會認為「民主」總體上等同於善治或政治正義。這個詞通常被用於我們最看重或者應該看重的東西，而不是作為善治的重要組成部分。善治在制度上和社會意義上都應該是民主的，但還要包括個人自由、人權、經濟進步和社會正義，而不僅僅是政治權利的平等。說民主是善治的必要元素，但既不是完美典型也不是整體的形式——如果這聽起來又像是亞里士多德所說的話，那確實如此。那則關於「民粹

主義」的小故事應該表明，民主精神可能會失控。我聽到過好心人要求學校應該民主。唉，那是盧梭式的胡說：天真比知識更優越，或者本身就是一種知識。不過，我在其他地方曾強烈地主張，學校應該比通常情形下更加民主。我認為公民教育對民主是一種推動，但民主的學校就用詞來說是矛盾的。說某個政府或任何其他形式的權威在以非民主的方式行事，要比說它是在真正民主地行事要更為容易，除非它在基本意義和最低程度上在民主背景下實施治理：面臨定期的重新選舉並承認選舉結果、不得不公佈其決定(有時甚至要公佈做出決定的過程)，同時允許媒體上的公開批評。在我的理解中，大多數人用民主所指的意思，就是希臘人用「政體」(polity)或者僅僅是政治統治所指的意思，這種制度允許在無處不在的價值和利益衝突之間做出和平的妥協。這就是我寫了一本《為政治辯護》而不是《為民主辯護》的原因。所以，對民主的歡呼應有所節制，而不是毫無保留。

現代民主的條件

但是，關於「民主」的歧義和「危險」已經說得夠多了，我聽起來可能反民主了。還是遷就主流用法，稍作妥協，來追問一下現代民主的條件吧，即使我可能迂腐地傾向於說「政權」甚至「共和政體」；

圖11　克麗斯特貝爾‧潘克赫斯特在特拉法爾加廣場敦促舉行婦女選舉
權集會，包圍下議院。1908年10月11日

畢竟這是政體的形式，是真正的問題所在。

關於現代民主的條件，如果從歷史和比較的視角來思考那些限定着但從未完全決定政體形式的關鍵因素，我們就能比通常認為的理解得更加準確。任何一位稱職的學者都會在不同的「概念框架」中定出不同的因素列表，來激發學生思考或用新詞來折磨他們。但是，我認為以下諸如此類的因素對於所有形式的政體都很重要：居民的角色、官方學說、典型的社會結構、精英的性質、典型的政府機構、經濟類型、財產理論、對法律的態度、對知識的態度、信息的傳播、對政治的態度。

我們來看看現代民主為這些因素所採取的形式，有時與獨裁形式甚至是極權形式加以對比很有用處。

- **居民的角色**。現代民主國家鼓勵自願參與和個人參與，但不是強制性的。個人可以自由地做出或不做出公民行為，於是忠誠度就有了差別。只有在戰爭爆發時，國家才能動員全體居民，否則人民可以在公共生活和私人生活之間自由進退。對自由主義者來說，公正的法律允許把私人生活和商業活動推到極致；對共和主義者來說，若無活躍的公民參與，國家是沒有力量的，私人生活也是不完整的。與獨裁政體的對比是顯而易見的，後

者仰賴被動服從和社會順從(「讓睡着的狗好好躺着」)而發達；與潛在的極權主義政權的對比也很明顯，後者要動員其居民進行社會改造。

* **官方學說**。在民主國家，忠誠是由民眾的同意所要求和給予的，並且是基於功利和世俗的理由：國家必須在此時此地，而不是在此後顯示實際的利益。如果說權威並不真正是統治者和被統治者之間的契約，通常卻又口說着契約主義的言語，就好像權利依賴於責任一樣。多樣的學說是受到容忍的，只要隨後可能發生的行為不直接威脅到社會秩序或國家安全。在大多數政體中，效忠是一項虔誠的職責，國家及其統治者被視為神聖秩序的一部分。在現代有極權主義傾向的國家中，效忠要歸功於一種自稱對歷史進程了然於胸、未卜先知的意識形態，甚至內心的保留也會威脅到國家的安全。

* **典型的社會結構**。所有的古代和現代權力機構都同意，一個龐大的中間階級是必不可少的(馬克思主義者曾經把現代民主作為「資本主義和資產階級的贋品」擯棄，部分原因正在於此)。過多的財富握於少數人手中可能會威脅到民主進程，極端的貧窮則把人從

正常的政體中排除出去，並會威脅到秩序。然而，什麼是極端的，在政治上總是存在爭論。「中間階級」並不必然意味着其他不摻雜的階級。後馬克思主義關於無階級社會的觀念，就是中間階級或資產階級的無階級狀態——美國的、澳大利亞的、瑞典的、荷蘭的、戰後德國的，以及布萊爾(Blairite)或新工黨的理想，即使現實遠遠地落在後面。獨裁政體具有高度分層的階級或種姓制度。極權主義政權的目標是平等主義，實際上卻發展起一套階級體系，以政治和官僚職位為基礎。

精英的本質。通常是一個相當穩定的政治階層，享有一定的聲望，但與商界、知識界和社會精英分享着地位，並且不同程度地向來自教育機構的候選人開放，允許其滲透，這些機構的設立部分目的正是為了吸納人才和鼓勵流動性。流動性和開放性的程度永遠是有爭議的，無論是從意圖還是從結果來看；現在，政治精英階層的威信似乎正在下降或有下降的危險。在獨裁政體中，精英階層通常是自我延續和排外的，而在極權政權中，理論上是一個以充分的社會流動為基礎的精英管理的社會，但實際上在更多時候是一個自我延續的內部黨派，由一個相對較大、更

符合精英管理性質的外部黨派來支撐。

- **典型的政府機構**。議會、議院、國會,都是由選舉產生,議員們公開辯論並允許報道,處於多黨制度下。在地方或地區性政府中,幾乎總是有來自上層的部分權力下放或舊權力的沿襲。選舉制度幾乎變化無窮,爭論不休。(在英國「票數最多者當選」可以說是不民主的,當然不具有代表性;但答案是,問「這民主嗎?」是錯誤的問題,正確的問題是問「是否有助於形成透明、良好、穩定的政府?」)在獨裁政體中,王室或宮殿構成了一個清晰可見、令人敬畏,通常在軍事上能夠防禦的社會中的社會。宮牆內可能有內部政治,但不是公開的。短時間內或許會出現競爭對手的王室 —— 「你們不來宮廷嗎?」「去誰的宮廷,國王的還是漢普頓的?」極權主義國家的典型機構是一黨制。

- **經濟類型**。在源頭、理論和精神特質上是市場經濟或資本主義經濟,實際上卻通常是一種混合經濟,有時是有意如此或決心如此,就像是在社會民主或民主社會主義的政權中。大多數獨裁國家(和軍政府)都處於農業社會。試圖實現工業化要麼導致民主化,因為權力分散了,並且需要批評;要麼導致權

力的集中，似乎趨向極權主義，但通常會導致經濟和政治的長期動盪。真正的極權主義政權是戰爭經濟，無論是否處於戰時，都拒絕「純粹」以經濟為衡量標準。

- **財產理論**。在現代民主國家，擁有財產仍然是個人價值的標誌，最初是道德上的價值，現在則經濟意味更濃。有些人認為，上帝派發獎品，卻不對運動員的身體障礙負責；但是，即使是在世俗方面，佔有財富也需要某種正當性。羅爾斯拒絕字面上的平等，同時認為所有的不平等都需要從對他人的益處方面來公開辯護。財產的形式變得越來越流動和個人化：從土地繼承到土地購買，從土地到房屋和工場，再到合資股票和通過教育獲得的技能。所以，「財產」最終得以跨越國界流動。在獨裁國家，只有土地和錢財構成財產。在極權政權中，理論上沒有個人財產，永遠只有從職位而來的收益、外快和特權。

- **對法律的態度**。在獨裁國家，法律或者是習慣法，或者是獨裁者宣佈的意志。在現代民主國家，法律既可能是習慣法，也可能是成文法，但新的法律是由代表大會或議會制定的。針對個人之間事務的法律在很大程度上是契約問題，但由公正的法官通過一般規則

來調節，而不是像在獨裁國家那樣由個人偏好或干預來規制。在極權政權下，法律是由意識形態的一般意圖來解釋的，而不是由白紙黑字的字面意思來解釋。

+ **對知識的態度**。再一次，對比使得現代民主更加清晰。在獨裁國家，知識被看作政治權力的統一工具，是「權力之謎」的一部分，或者是由統治精英分享卻不可公開質疑或辯論的秘而不宣的「國家理性」。科學真理與道德真理混為一談，審查成為國家的必要制度。在現代民主國家，知識被視為分散的，所關聯的問題不一定糾纏在一起。大多數道德真理在應用中被認為是相對的，向公共辯論敞開，與科學真理截然不同。官方贊助獨立的學術中心，促進知識的傳播。這種社會要想運行不怠，知識就必須傳播，遠離審查制度。

+ **信息的傳播**。宣言是獨裁國家的典型表現，報紙則是現代民主國家的典型表現。沒有常規的新聞，於是謠言和八卦變成了獨裁國家的社會風俗，正如身為竊聽者的間諜和身為安全閥或隱形諷刺者的小丑。報紙的成長及其擺脫國家控制，與民主選舉權的發展是相生相伴的。印刷材料超越口頭傳播和謠言，

成為公共信息的來源。民主政權的有效運作，越來越依賴於那些能夠獲得有關國家運行情況的較為準確信息的人們，依賴於國家能夠較為準確地評估公眾的需求和反應。於是便有了對官方出版物中立性和客觀性的客觀需求，與極權主義政權下所有知識都被視為宣傳鼓動或國家秘密對比鮮明。

- **對政治的態度**。在現代民主國家，政治見解總是受到容忍，通常還得到積極的鼓勵。政治被公認為一項和解性的公共活動，以妥協為目標或者不可避免地要妥協。在獨裁國家中，政權或者超越於單純的政治活動之上，或者僅僅局限於宮殿、王室或密黨的私隱中。在極權政權中，政治被斥為資產階級的假像，像所有的妥協一樣，或者是純粹的謀略，或者是有待根除的社會矛盾的症狀。戈培爾說：「政黨的存在使問題無休無止，我們的存在則是為了解決問題。」

這些極為簡單的比較能夠表明，雖然關於「民主」的歷史和理解的一些基本問題和歧義並沒有消失（意見與知識的對比、「多數人暴政的危險」、民粹主義，以及大眾支持為一些現代獨裁政權賦予的力量），但是當我們與最壞的情況而不是與理想中的最佳狀況

比較時，還是出現了充滿力量、極為重要的特徵。只需指出兩項特點，以及好處：第一，相形之下，很明顯當關於其政制體系的真相被寫下來並且為人所知時，獨裁政權就受到了損害。因為，封閉的精英階層全都依賴於關於政府運行方式的一些神話和欺騙。如果人們廣泛而公開地說，他們並不總是明智、正確，有時統治精英需要掩蓋自己在系統地剝削人民而不是愛護人民，他們就危險了。另一方面，現代民主國家能夠承受人們說出關於制度如何運作的真相。有人認為，這樣一來它們實際上得到了加強，因為和獨裁國家不同，當政府的政策和計劃為人所知並且能夠公開批評時，就有可能被糾正，必要時還能夠放棄。具體的政府會受到質疑、失去信任甚至失去執政資格，但是政權或者整個政制體系的穩定通常不會受到威脅（除非輿論受到引導，認為所有政治家都腐敗和謀私，也許就連政治活動本身都是腐敗的）。

其次，經由對比表明，公開、透明的政府，以及不僅是信息自由還包括信息的可獲取性和流通，與實際參政一樣重要。參政（作為道德教育的基礎以及民主政府的機制）的重要性一刻也沒有降低，但是在現代民主國家的範圍內，對於直接參政有着嚴格的限制，這種參政方式至少是古代的民主國家和城邦的理想。因此，幅員遼闊的政府既受制於知曉人民知道他們在做什麼（歷史上有很近的例子），換句話說即受制於輿

論，也受制於人民能夠直接參政。另外，政府需要知道，如果自己引路，是否有人追隨。某些立法要想獲得實效，需要的是行為的改變，而不僅僅是尊重或畏懼法律(比如限速、公共衛生運動、能源節約、種族關係等)。作為一位研究英國政治的明智的美國學者，塞繆爾‧H. 比爾說，議會作為一種手段不僅是在代表現有的同意，也是為了「動員同意」。關於信息自由的良好立法，很可能與對選舉代表制度的改進一樣，在動員知情的同意方面有重要作用。

日本發生的一件事

有人主張，對於民主制來說真理能夠而且必須講述，對於獨裁制來說，講出真理則會置其於危險境地；日本政治思想家、文化歷史學家丸山真男所說的一個具有警示意義的故事便表明了這一點。一個名叫河野廣中的人，起初是個強烈反對日本現代化方案的傳統主義者，後來卻成為日本自由黨的創始人和領袖。河野廣中在回憶錄中講道，他的轉變是通過閱讀約翰‧斯圖爾特‧密爾的《論自由》(現代派對翻譯對象的選擇很是有趣)實現的。

第一次讀這本書時我身在馬背上。一瞬間，我的整個思維方式被顛覆了。在那之前，我一直受到中

國儒學家和日本古典學者的影響，甚至傾向於擁護「驅逐野蠻人」的政策。現在，我的所有這些早期想法，除了關於忠誠和孝道的，都被擊成了碎片。那一瞬我知道，我自此以後必須最為珍視的，是人的自由和權利。

丸山悲憤地指出，其中的兩項保留對日本民主以及自由的「政治學」或者說對政治的批判性研究來說都是致命的，這兩個實體在他看來是相互依賴的。「河野絲毫沒有意識到，保留這種傳統道德可能會給自由主義帶來問題。」因為「孝道」意味着不應該對自己的氏族(極為龐大的家庭)成員進行公開批評，「忠誠」則意味着，如果議會以君主的名義通過法律(一種在英國和德國受到讚賞的習俗)，就無法質詢立法的過程和原因。面對1930年代日本國會中的極端民族主義者時，這會使民主派和自由派既在道德上又在政治上變得無能為力。丸山指出，就在國會第一次會議之前不久，極端民族主義文件《教育敕語》發佈，此後在國會上不容置疑，因為日本國被視為一個道德實體，具有無可爭議的權利來確定價值。直到不久之前，在英國還有一些意見認為，君主和整個王室應該象徵並鞏固道德價值。

比較有時既能帶來信心，也會引起擔憂。1930年代，在民主國家人們的觀點幾乎統一起來，認為與日

本等處於現代化進程中的獨裁國家，尤其是與納粹德國、法西斯意大利以及蘇聯相比，自由社會在效率上付出了代價；上述各國每一個都聲稱是極權主義，完全控制着本國經濟，並且用這種有效的控制來改進軍隊裝備。許多演說家和社論說，這個代價必須要付。然而，第二次世界大戰中的實際表現說明，上述聲稱有許多是空洞的。墨索里尼所聲稱的效率到頭來只是徒勞的自誇；希特勒承認，不同部門和黨魁之間在戰爭物資的獲取方面存在對抗，甚至存在着相互競爭的情報機構，原因部分在於他自己在行政事務上的無能，部分在於「分而治之」；斯大林以頗有幾分類似的多疑（絕對權力似乎從不會讓人感到安全），於1930年代中後期在職業軍隊中清洗了一半至三分之二的軍官；在日本，軍隊和政治領導人之間信任和聯繫的瓦解，導致軍隊在確定現實戰爭目標時完全無視政治因素。奇怪的是，當英國無路可退，當美國遭到日本襲擊時，兩國為備戰而進行的經濟動員比納粹德國規模更大且效率更高。在英國，高級公務員在戰前不相信計劃，也不相信計劃是可能的，現在卻迅速創造出了計劃經濟，甚至徵用了勞工、徵用了婦女。主要是出於意識形態的原因，納粹沒有徵用婦女，直至面臨着戰敗的威脅。

　　一個民主國家，如何能夠搖身一變成為高效的戰時經濟體呢？答案可能寓於自由社會的根基中。亞里

士多德早在那時就看出來了。他問道，暴君怎麼能指望自己長期掌權？他給了一個聽起來最為古怪的答案。暴君必須讓所有才能卓越（arete）的人「閒蕩於宮門外」，必須禁止一切討論會（symposia），即那些宴飲和社交俱樂部，各種身份的人在那裏於漫長的午休時間相聚，談話、提神，做類似的事。為什麼？呃，讓他們在附近閒蕩是為了留意他們，讓他們成為受監視的人，防止他們密謀。但是，為什麼要禁止無辜的討論會呢？因為正是在這樣的非政治制度中，人們首先學會了彼此信任。沒有相互信任，就不可能推翻暴政。在我看來，英國戰時經濟之所以能高效動員，是因為人們相互信任，決策可以移交，人們能夠在此基礎上共同努力來實現核心計劃，同時又不需要來自上層的持續監督。（這是一種藝術，在緊急情況之外我們現在並不一直維持：有足夠的時間來制定詳盡的問責和監督機制，以確保公職人員履行職責；這實際上在信任度降低時干擾了他們完成工作，他們本可以出於職業責任感這樣做。）

我曾經告訴我的學生，隆美爾（Rommel）作為一名職業軍人，猜對了1944年盟軍登陸的地方。然而，當希特勒因為加萊海峽而不是諾曼底的虛張聲勢而倒下時，隆美爾不得不把他的裝甲軍團放在不當的位置上，大着膽子盡可能放在兩地之間。即使如此，他還是要等待三天，希特勒才同意諾曼底登陸不是虛張聲

勢。那時已經太晚了。我想説的是，如果一位英國指揮官發揮主動權，違背丘吉爾的命令，並贏得勝利，那麼不誇張地説，他應該已經成為切爾滕納姆、瑟比頓、東漢姆等地的公爵；如果失敗了，則成為巴巴多斯或福克蘭群島的總督。但是，如果隆美爾做了類似的事並且失敗了，立即便會被公開處死；如果成功了，他會在受到短暫的職業景仰之後，被悄悄地撤職和清洗，原因與其説是挑戰元首的意志，不如説是暴露了希特勒並非全知全能。在民主國家，之所以能有更大的信任，不僅因為無人期待全知全能，也是因為失敗的後果不那麼嚴重；人們會相信自己的力量，相信自己的判斷，發揮主動性。當林肯説他不介意聯盟軍司令麥克萊倫（McClellan）是否在密謀成為危急關頭的總統或獨裁者，只要他相信後者能夠取得勝利（他沒能勝利，所以下臺了）時，或許就是這麼想的。正如報復的願望可能會違背必要的政治妥協，相互信任是政治行動的基本條件，由於某種原因，在民主國家比獨裁國家我們能看到更多的信任。

第七章
民主的公民資格

好吧，讓我們祈禱它會到來，

它一定會到來。

……

在整個世界，人和人

會成為兄弟。（羅伯特·彭斯）

　　現代民主國家特有的制度安排，大多數都是在共和國或有限君主制下確立起來的。這些前民主時期的機制轉而與舊統治階級相敵對，要創立更為民主的政制，有時還是更為民主的社會。如果人們可以說，公民和臣民之間的區別逐漸消失了，那就簡單了——事實是有時消失了，有時卻並未消失。在英國，合法公民被定義為君主的臣民這一觀念依然存在。尋求「歸化」（即成為合法公民）的移民，長期以來不得不宣誓效忠國王或王后。直到2002年，新的「公民誓言和承諾」才成為法律，增加了承諾尊重英國及其居民的權利和自由、維護其民主價值、遵守其法律、履行公民的責任和義務。

圖12　納爾遜・曼德拉在南非第一次不分種族、完全民主的選舉中投票，1994年

位於最後的義務，雖然出於某種原因有些含糊，卻很有趣。如果公民的責任和義務僅僅意味着，為了回報法律的保護而在傳統意義上服從法律(或者如某些人所說的，做一個好公民)，那麼前面已經說過了，這些話是多餘的。所以，這似乎暗指公民要充當更為積極的角色，暗指公民有責任尊重在英國能夠找到的權利和自由。政治哲學家會主張，權利和義務之間存在着密切關係，甚至是互惠關係：你和我都無法在斷言我們自認為屬自己的權利時，不暗示着有責任考慮可能會對他人產生什麼影響，從而尊重和鼓勵他人的權利；同樣地，如果你和我追隨我們所認為的公民義務的道路，那就意味着我們認為其他人有類似的義務，應該被賦予履行這些義務的知識、技能和機會。所以聽起來似乎是，無論是有意識地作為政府政策，還是無意識地追隨着我們這個時代一種不斷變化的精神〔德國人對此有一個詞，即「時代精神」(*zeitgeist*)〕，內政部都在說要想成為移民至英國的新公民，就必須或者有必要認識到，應該成為積極的公民。一個共和主義的範式被嫁接到君主制範式上。在美國，長期以來移民都要接受公民測試，並要在國旗前舉行效忠於憲法的宣誓儀式。在民主國家有一部成文憲法，即使嚴格地說是一部前民主時代的憲法，使得更難在合法公民的權利與公民的預期義務之間進行任何輕蔑的區分——至少在紙面上是如此。

機構

　　要成為有效、積極的公民，需要的不僅是意志和技能，還要對機構有所瞭解；不是抽象的或學術性的綜合知識，而是對何種權力槓桿與特定意圖相關有實際認知。試圖比較不同形式的機構在不同的民主國家中的有效性，則遠遠超出本書的範圍。政治學家做了很多這樣的事情，但我一直懷疑，一旦人們認識到同一事物在不同的民族文化和歷史背景下作用不同時，是否還能將一種東西與類似之物相比較。英國在戰後從帝國事業轉身時，為幾乎所有前殖民地都賦予或留下了西敏寺模式的議會制政體。沒有哪個如預期那般發揮作用，有的完全失敗，甚至在沒有完全失敗的地方（如在表現最明顯的印度），事先瞭解西敏寺模式也可能是有害的障礙，而不是有助於理解新的背景、動態、問題及可能性。

　　但是，現代民主國家有一些普遍的制度特徵。其中部分特徵顯而易見，部分則不那麼明顯；我還是把它們寫出來吧。我以羅伯特・達爾教授被收入《社會科學和行為科學國際百科全書》（*The International Encyclopedia of the Social and Behavioral Sciences*）中的出色文章所給出的條目為基礎，即使我不同意他的一個斷言，即這些條目中的大多數都明確是現代的；儘管充滿敬意，但還是通過修改和增補對其作了釋義。

- **當選代表**。由公民選舉的議會或議院等成員控制政府。實際上，達爾說的「民選官員」要麼罕見，要麼對美國很多地方來說都是特有的。(當法官和州檢察官由選舉產生時，民主的民粹主義模式而不是自由主義模式就啟動了。)

- **自由、公平、頻繁的選舉**。他補充說「強制在其中是相對罕見的」。現在，選舉觀察小組出現在許多從軍事獨裁中走出來、努力確立或重新確立民主選舉的國家；他們想揪出其中的強制，也想揪出欺詐(這些現象在國內可能也有)。

- **表達自由**。「公民有權在廣義的政治問題上表達自己的看法，並且不會面臨嚴厲懲罰之虞……」的確，但是需要限定於「政治」問題嗎？當然，獨裁國家對言論自由的部分壓制就是通過為言辭打上「政治」烙印來實現的；但也可以坦率地說，禁止公立高中的性教育不是政治性的，它僅僅是學校董事會、家長甚至立法者的私人道德問題，不以政治妥協為條件。

- **能接觸其他獨立的信息源**。達爾恰當地在「言論自由」之後立即提出這一點，因為若沒有證據來源來質疑政府發佈的信息及其竄

改、壓制甚至捏造統計數據的能力，「言論自由」就變得毫無用處，尤其是在政府對報紙和廣播電視媒體有過多影響甚至控制的情形下。

- **自治社團**。公民必須「有權組建相對獨立的社團或組織，包括獨立的政黨和利益團體」。事實上，按托克維爾的說法，這是自由和民主的基礎；在現代民主國家，政黨似乎是聯結政府與選民的基本制度。所以「多黨」制可能值得單列一條。對文化多元政策的新的要求能夠走多遠，這些問題錯綜複雜，不易回答(看看英國和美國等國對多元文化已經做出的自我描述吧)。

- **無所不包的公民權**。「任何在該國永久居留並服從法律的成年人，都不得被剝奪公民所享有、對上述五項政治機制來說必不可少的權利。」不過要注意，投票權通常不會授予永久居民。民族情感有可能洶湧澎湃。關於外國配偶地位的法律往往極為具體和獨特。

然而，也許羅伯特·達爾把並非理所當然的東西視為理所當然了，尤其是在新的或新興的民主國家中，即對相對於政府的真正的司法獨立，以及對公正且適度中立的公職人員提供部分真正的憲法支持的必

要性。也許他會回答，因為美國顯然是沒有這兩項制度特徵的民主國家，這些特徵完全不是先決條件。

我承認美國的機制相對獨特，但會把這種缺乏看作被其他國家以善治之名拒絕的民粹主義民主的一個因素。但是，美國西部各州幾乎全部在20世紀頭十年立法規定了極為有趣的機制，試圖確立民粹主義的政治風格：其中的條款規定通過民眾請願來動議立法，規定公民複決制，規定可以罷免當選議員。這些立法有些已經失效，它們帶來的好處也極為複雜。

所以，我們在這一點上不斷地打轉。只要我們自認為至少對民主有了一個用例證表明的，或者說經驗性的定義（即指出通常所說的民主政體的共同特徵），我們就會發現多數主義或民粹主義的問題出現了。柏拉圖陰魂不散。是的，我們知道答案。歷史、理性和道德必須把自由、人權和人類友愛投入民主的大鍋中。然後，我們可以愉快地把這種漂亮的混合物貼上現代民主的標籤，即使這一標籤比大部分令人沉醉的東西要更好。於是，為了避免虛幻的樂觀主義，認為這種混合總是等同於善治，在我們着手和前文一樣作一些列舉時，難道不該加上另外兩項關於善治的否定性要求：美國式政黨不會為了公職人員而「損害制度」，由政治驅動的司法系統也並不有利於政治正義，有時甚至不利於政治穩定？民主國家可能像獨裁國家一樣，在外交政策上愚蠢、魯莽，咄咄逼人。在

民主的名義下找不到最終答案。和定義一樣，列舉也解決不了什麼問題。在不同的價值和利益以及政治本身之間，只有不斷妥協的過程。

被人們視為民主原則的東西，有時可能也不得不接受妥協。身為英國議會議員和歐洲議會議員，牧師伊恩·佩斯利博士經常於情理之中指責北愛爾蘭的治理方式並不民主：「民主的」多數人被強加的、完全人為的、錯綜複雜的權力分配制度剝奪了權力，這種制度的基礎是一種蓄意謀劃的選舉體制；更糟糕的是，這種強加受到了一個國外政府的縱容；於是，國家主權和民主原則都遭到了破壞。確實如此，但是(正如托馬斯·霍布斯帶着嘲諷承認的)它們追求的是和平，而不是純粹的民主 —— 或許無法讓大多數人感到愉快，卻至少可以接受。事實上，這是一個政治過程，而不是完全民主的過程。在南非從種族主義國家轉變為協調的民主政制前後，非洲人國民大會就發出了「一人一票」的呼聲(實際上他們說的是「一男一票」，但很快就糾正了那個小小的錯誤)。不可能剝奪他們參加選舉的權利和權力，阻止南非黑人在新秩序中佔壓倒性多數。但那不是全部的重點。他們的領導人知道，問題的解決不僅要和平，還要避免引起投資和資本從南非外逃。因此，難以克服的法律約束和「權利法案」便成為為新的政制所作政治妥協的一部分，其目標很明確地就是要讓南非白人消除疑慮。在

某些方面，「和平委員會」(為換取真正的認罪，不懲罰過往對人權的侵犯)可以被看作對正義原則和多數人權利的否定；但是，這又是為了和平，為了經濟和政治穩定所作的妥協。民主能在西班牙和智利恢復，也經歷了類似的妥協。「人民主權」被認為是有局限性的。在兩種情形下，共和國以及共和政體或民主政體的安全和未來，都被置於向犯下暴行和侵犯人權的人復仇，甚至尋求正義的巨大風險之前。

自由主義與共和主義

今天，大多數人都想盡可能少地介入國家事務和公共事務。我們享受着廣為人知和能夠接受的法律帶來的好處(除非是赤貧之人或者在其他方面受到歧視的人)。歐洲和北美在過去兩個世紀中發展起來的自由主義國家創造了一個框架，在此框架內人們可以在最低限度的干涉下過着私人生活和商業生活。他們向外部的介入主要限於在公開選舉中投票。相對來說，在勞工運動以外極少有人活躍於政黨中，大多數人都滿足於把公眾事務留給一小撮人，這些人處於媒體的密切注視下，至少在某種程度上還處在法院的控制下。這個政治階層有時由代表着多數工人階級運動的民主社會主義者構成，有時由保守黨或基督教民主黨組成，後者為化解對制度的不滿，在相當程度上接受或促進

了福利國家。在他們之間存在着嚴重的政策分歧，主要集中在重新分配收入的目標上──但是，絕不能殺死下金蛋的那只鵝，即資本主義市場體系。商業利益痛恨為了政治或道德目的而高額徵稅，經常歇斯底里地談論私營企業制度本身就要崩潰了，事實卻從來不是如此。但是，有一段時間戰後資本主義的成功創造了一個比舊式工人階級還要龐大的中間階級，很大程度上也是一個新的中間階級，它能夠把錢花在消費品上，遠離了那個滿是基本日用品、生活必需品以及應急存款的舊世界。在英國，合作商店被超市取代。這就是消費社會。戴卓爾主義和列根主義沒有創造它，反而是它的產物。他們現在能夠贏得選舉，而不用過多地關心工人階級的福利問題，後者在歷史上第一次不再是多數階級，實際上正在迅速變成一個下層階級──非政治化、沒有組織，不再受到民主制下競爭性政黨制度的保護。

在開展競選時，黨的領袖可以用朦朧的誠意把難題撇在一邊，不作真正嚴肅的辯論。各政黨集中精力於中間立場：降低稅收取代公共支出成為選舉的口號。新的中間階級遠比老的中間階級更崇尚個人主義、更專注於自我和家庭，對公共服務更為冷淡，更少認為權利意味着責任和義務。黨的領袖和管理者變得公開、坦然地對直接的選舉策略、個性設計和媒體表現興趣盎然，甚於對思考和倡導與長期社會需求相

關的觀念和政策的興趣。那些曾在社會民主政治領域呼風喚雨的城市知識分子，現在很多都從事着「拯救鯨魚」、「禁止轉基因食品」、動物權利等大小事業，卻不涉及貧困問題和經濟不公。他們會批判種族主義，斥之為實際上是對人的尊嚴和任何一種民主的冒犯，卻不去直面歧視的根本原因——赤貧、經濟上的不利處境，甚至是相對剝奪。英國的政治領導人曾經慣於在演講臺上和回憶錄中，把英國的民主和自由歸於在地方政府和志願機構中服務的偉大傳統，現在卻突然開始貶低地方政府甚至把它說得一錢不值，說它是國家政治和選舉策略中的一張百搭牌，並發表旨在恢復志願服務的言論——當然是有利於靈魂的，卻也有利於節省政府服務並進一步削弱地方政府，而地方政府在不久以前還被視為民主的根基。在美國，2001年9月11日發生的可怕事件成為一個藉口，用來激起民眾熱情，漠視曾經偉大的憲法權利和公民權利傳統。

　　用帶有一些民粹主義色彩的詞來說，現在我已經陷入了一種境地，政治思想家會更為冷靜也更為理論化地把它表述為自由主義民主與更為古老的公民共和主義觀念(強調公民參與公共事務的義務)之間的區別；與他人一齊如此行事是一種道德教育。事實上，在英國和美國，嚴肅的政治思想得到顯著傳播和復興至少已經有十幾年了。唯一的困難是它只限於大學，學者們彼此交談，也和他們聰慧的學生交談(不像大多

數商業研究那樣輕而易舉）。它對政治家或新聞界影響很小。著名的政治思想史家昆廷·斯金納曾寫道：「具有諷刺意味的是，西方民主國家的發展竟然一直伴隨着一種理想的衰落，即人民的政府應該由人民來管理。」

> 文藝復興時期的道德和政治作家普遍認為，使個體公民的自由最大化的唯一途徑，就是確保每個人都在政治事務中發揮積極作用。他們聲稱，只有通過這樣的充分參與，才有希望防止政府的事務落入統治階級的手中。然而，自17世紀以來，主要的西方民主國家卻否定了這種觀點，轉而贊成反差強烈的另一觀點。關於政府與被治理者之間的關係，各種自由主義理論的一個公理是，使自由最大化的唯一途徑必定是把公共需求被合法地加諸私人生活的程度降到最低。

我只是不同意他在暗示中把期限定得過於死板。這種公民共和主義在早期的美利堅共和國表現得很強烈，卻在美國內戰後「勝利的」民主資本主義中，作為平民力量被一掃而空；這種堪稱對自由的積極態度，在憲章派和勞工運動中普遍存在：自由不僅僅是不受干涉，而且是為了公共利益或普遍利益而自由行事。不過，這並沒有貶低他所提出的寬泛的觀點。現代民主

國家的政治和法律機構的規模，似乎對好公民比對積極公民需求更甚：民主機制相對平穩的運行和安全，實際上有可能看起來降低了對民主精神的需求，從而扼殺積極的民主精神。公民參與政治進程的幾乎所有重要指標，現在都顯示出明顯的下降，不僅表現在投票人數上。

公民資格

最後要問的問題，實際上也是盧梭的問題：我們能進行民主教育嗎？關於政府，有什麼樣的例子能夠提供幫助或成為阻礙？恰巧我被任命為某教育大臣顧問小組的主席，職責是：「提出關於在學校進行有效的公民教育的建議，包括參與民主政治的性質和實踐；個人作為公民的義務、責任和權利；以及對社區活動的個人和社會的價值。」「有效的公民教育」和「參與實踐」，這是我能夠忍受的職責，付出的小小代價，是對這些煽動與政府的總體風格或集權政策之間的反差(矛盾？)，尤其是在本黨內的反差，暫時保持沉默。幸運的是，政府並不完全和諧一致。他們當然想要良好的行為和良好的公民，但也想要(昆廷·斯金納和我有時候太悲觀了)關於積極公民或公民共和主義的古老語言和願望，這樣的語言和願望在一些關鍵背景下不斷爆發出來，比如在獲取法定公民權的新

誓約中、在對我任職的委員會的職責中。最終的報告獲得了一致同意，被確定為英國中學新的和必修的課程。它規定：

> 我們的目標在於在國家和地方兩個層面改變這個國家的政治文化：讓人們認為自己是積極的公民，有意願、有能力，準備好在公共生活中發揮影響，並有批判性能力在説話和行動之前衡量證據；鞏固現有的社區參與和公共服務傳統中最好的內容，並把它徹底地擴展到青年當中，使他們作為個體有信心在年輕人當中找到新的參與和行動方式。

我常常疑惑，我的小組中有多少人意識到自己正在支持公民共和主義的激進議程，而不是自由主義民主那要求較低的「良好公民」和「法治」責任。下給學校的「公民令」為這個更為激進的議程提供了工具：討論有爭議的問題；參與學校和社區事務；學習辯護技巧；把「政治素養」視為技能、知識和態度的混合這一觀念；學會意識到文化多樣性 —— 英國國內的不同民族、宗教和種族；所有這一切，以及在之前沒有國家公民課程的地方的更多內容。我常常疑惑，政府作為一個整體是否意識到這一點對社會所產生的漸進卻真實的效果（如果有什麼效果的話，現在也是掌握在教師而不是政府手中），以及對於政府本身的行

為產生的效果。人們可能會變得更加苛求，在如何實現自己的要求方面更有見識，而且更令人懊惱的是，也更加不可預測。從政府的角度來看，自由公民的麻煩在於，政府從來都不太確定他們會如何行使這種自由。

一面是自由主義民主理論對於政府行為的便利，一面是分裂性更強、更不可預知的公民共和主義理論：兩國的一些政要試圖消除兩者之間的矛盾。無論是出於真心誠意還是悲觀懷疑，他們試圖把公民身份歸結為「志願服務」，或者在美國歸結為「對服務的學習」。困難之處在於：過多的志願服務可能只是意味着，由善意的老年人來告知年輕人該做些什麼。志願者們如果不被視為公民並被賦予執行任務的責任，卻又在目標或方法看起來錯誤或瑣屑時沒有責任提出修正的建議，他們就可能會成為炮灰並且變得幻滅。

西歐的大多數國家早已在中小學校開展公民教育，現在，由蘇聯解體而來的國家也把公民教育納入課程，幾乎是不顧一切地想對沖數十年的灌輸而不是教育所造成的對政府的悲觀懷疑。英國現在看到了這種需求並採取了行動，而美國正在公立中學著手恢復、修復並有望改造（而不是鞏固—還言之過早）公民教育。主要動機可能是想恢復或創造良好的公民意識，但是一般來說我們認識到的是，這只能是學習積極的公民意識的一個深受歡迎的副產品，旨在把權力賦予年輕人。現在人們普遍認識到，以非討論性的、

不帶疑問的因而也是無聊的方式來學習「憲制」，這種老式慣例(通常被稱為公民課)至少是無用的，在糟糕的情形下對於鼓勵民主精神還會起反作用。即使在消費社會的核心，即使是在公共生活中那些人所留下的令人沮喪的例子，也存在這種小小的調解傾向，有可能很重要；或者它至少表明，民主制度背景下的民主共和主義觀念如果不是佔主導地位，就還沒有像思想史家所暗示的那樣以任何方式被打敗。一些正直之人雖沒有讀過它，卻正在如此行事。

結語

所有關於民主的討論都沒有定論，永無盡頭。幸運的是，沒有最終的解決方案，無論是形同地獄的還是溫和仁慈的，無論是大屠殺還是地球上的新耶路撒冷。正在浮現的是全球資本主義，而不是福山愚蠢主張的「歷史的終結」。資本主義與資本家的道德感和責任一樣強大，或者說同樣脆弱(這是亞當·斯密《國富論》的學說中，出於某種原因被遺忘的部分)。「主權國家」不再像過去那樣擁有主權(如果其中的部分國家曾經有的話)或者像過去那樣強大，但是他們在經濟領域所能實現的政治緩和，對本國居民來說並非微不足道。世界局勢在某些方面令人沮喪。

對於民主來說，這樣的局勢並不像伍德羅·威爾

圖13　柏林牆，1989年11月8日

遜理想中的那樣特別安全。無論是聯合國還是美國，都沒有意願或權力在全球範圍內強行推廣民主，甚至是推廣人權。國家之間也沒有民主，其他國家可以在國際論壇上自主地投票，現在的美國政府把國內的院外活動集團置於在全球變暖、維和以及以平等條件組建戰爭犯罪國際法庭方面採取統一行動之前；「反恐戰爭」到頭來也滑稽而武斷。

民主機制有望擴展的原因，主要是在一些重要的消極論據中找到的：一黨制國家或軍事政權往往經濟效率低下、腐敗且揮霍無度，其治理行為和計劃不受公開批評。這樣的政權可能會崩潰而真正地破產，大規模通貨膨脹使貨幣一錢不值，最終可能激起國民叛亂，國家機器的支持者則陷入懶散的絕望。1989年11月參與東歐起義的人們表現英勇，其中確實有一種民主的精神。萊比錫、德累斯頓、柏林、布拉格和布拉迪斯拉發等地的工人、教徒和學生並不知道警察和軍隊不會朝自己開火(有時是違抗開火命令)。我們從中看到的是「人民的力量」和人類的勇氣，即使他們只是加速而不是造成這些政權的崩潰。蘇聯共產黨試圖通過公開化(glasnost)和重建調整(perestroika)來及時改革，以更加溫和的偽裝來保住權力，但是整個經濟體系直接分崩離析了。革命經常發生，原因在於舊政權之所以崩潰，僅僅是因為經濟效率低下和官僚主義的僵化，而不是由於他們那些善於居功的繼任者給出的

理由，無論後者在危機時期多麼英勇(但在過去常常是無望的)。說句嘲笑老派馬克思主義者的話，對於民主的經濟體為何通常比較強大，存在一些「客觀原因」。

但是，中國令人躊躇。一些人認為資本主義創造了民主，甚至全球化由此也是使民主成為必然的一股力量，已故的哈耶克便強烈地如此主張；對於中國的情形，這些人有一些特別的辯護。中國這個世界上擴張最為迅速的經濟體，政府仍然掌握在一個壓制任何反對聲音的政黨手中，但這個政府已經不再對社會進行具體的控制，也不再奉行平均主義的教條，與精英領導的氣質截然不同。經濟的成功能否完全將中國人的思想從政治和民主的問題上移開？這是羅馬帝國「麵包和馬戲」的做法在現代的典型例子。還是說，在高層會出現腐敗、分歧和毀滅性的錯誤？或許西方民主的真實故事是(不是哈耶克的，他不知為何忘記了前資本主義時期的希臘人和羅馬人)，精英們為了獲取絕對的掌控而兄弟鬩牆(權力確實會讓人如此)，一派或另一派訴諸人民的力量，不論是誰只要有潛在的權力，也無論是在街頭還是在銀行和貿易公司的會議室中。

我希望，我自己的觀點是相當明確的；不過，一切都是相對的，即使是一個純粹自由主義的民主政權，激進地支持基本上非政治化的消費資本主義，也比舊式蘇聯甚至比新的中國模式要更為可取。但是，我們可以做得比這更好。情況在變化，總是可以做出

變化的選擇，如果我們知道壓力點在哪裏，總是有一些影響可以運用；變化並不總是來得如我們希望的那樣快，有時又來得太快。但在現代民主國家，改變是可以實現的，實現的最好方式不是民粹主義的，而是合理的政治方式。政治家們知道，要想有人追隨，就必須傾聽他人。對你來說，那就是民主。

現有的「民主國家」會不會從根本上變成更加民主的社會？制度安排上的改進總是需要的，但這種改進本身絕不足以誘發出民主精神。理論上的答案相當明顯：擴散權力。以英國和歐洲為例。有一些權力顯然有充足的理由下放，其他一些則相當正確地上交了。有些大事是我們自己無法做到的，但是在許多其他事項上，無論是來自布魯塞爾還是白廳宮和西敏寺（或者應該加上華盛頓？），都不需要統一。大衛·馬寬德最為雄辯地提出了這個理論。1787年，來自賓夕法尼亞州的威爾遜是對的：「他想把聯邦金字塔提升到相當的高度，出於這個原因希望讓它的基礎盡可能廣泛。」畢竟，就英國本身來說，經濟在相當長的時期中變得越來越集中是有充分理由的。自由主義的民主國家的企業經濟好處多多，規模問題則使公民民主、公民共和主義和「面對面」社會等古老觀念難以應用。溝通、信息的可獲得性、透明度和開放政府、報刊和廣播電視媒體，相比於直接參與，實際上是對中央政府更為有力的控制。但是，地方政府的權力之

所以變弱，原因幾乎全是負面的。

公民共和主義作為直接參與的民主精神，可以而且應該牢牢紮根於地區、地方和社區；所有能夠下放的權力都應該下放。一個人無法既自由又統一。例如，英國的國家媒體就在鼓噪，說一個人能否獲得國家醫療服務體系的特定治療，或者說多快得到，要靠「郵編」搖獎。但是，這些報紙(隔天)又反對刻板的、官僚式的集中制。那些認為報刊是公眾輿論，或者能夠對它施加額外影響的政府，就能制定國家標準或框架，對關於地方上的需求、優先事項和首創精神的認真思考和行動不留餘地。對報刊專斷任性的畏懼，也阻礙了中央與地方之間分權的嚴肅討論，實際上也是在恰當的公共供給與恰當的私人供給之間的分權。托克維爾是對的。一國之中地方和群體的高度自治，是民主國家中自由的本質要求。所以，想想公民共和主義者，回憶回憶希臘人和羅馬人：在亞群體和地方上，只要是有可能的地方，就應盡可能地實行參與式民主。這對政體以及每個人的個人生活都是有益的。在他人的打量之下，我們會呈現最好的自己，這當然取決於我們如何看待他人，包括從道德、政治和民主方面。

我是一個人文主義者。但我贊成神學家雷茵霍爾德·尼布爾《基督教現實主義與政治問題》(*Christian Realism and Political Problems*)一書中的許多內容：「人

的正義傾向使民主成為可能，人不公正行事的可能則使民主必不可少。」為了防止我們破壞自己的民主自由，實際上也是我們自己的人類棲息地，我們需要樂觀主義，這種樂觀主義必須以合理的悲觀主義為基礎。

重要詞語對照

St. Just 聖鞠斯特

T

Tammany Hall 霍爾·坦慕尼
Thatcherism 戴卓爾主義
Thucydides 修昔底德
Tocqueville, Alexis de 亞歷克西·德·托克維爾
　character of 性格
　on advantages of democracy 論民主的優點
　on dangers of democracy 論民主的危險
　and intermediary institutions 與中間機制
　and French Revolution 與法國大革命

totalitarianism 極權主義
trust, mutual 相互信任
Tyrannicide 誅戮暴君

V

virtue or virtus 德性

W

War of Independence 獨立戰爭 見Revolutions, American
Webb, Beatrice 比阿特麗斯·韋伯
Wilkes, John 約翰·威爾克斯
Wilson, Woodrow 伍德羅·威爾遜

Y

yeoman 自由民 見independency

推薦閱讀書目

Nearly everything written on the history of political ideas either touches on democracy or is relevant to it, and similarly the vast number of general books on types of political institutions – whether called, at various times, 'Modern Democracies' or not. In the United States particularly the whole study of politics can revolve around the meanings and the institutions of democracy (to a fault, for if we are to combat other systems we need to understand how they actually work; and to avoid thinking that how we practise democracy is the only game in town). So I have decided to be ruthlessly, but I hope then helpfully, selective: I now list the books I myself have used and found helpful over many years and in writing this long essay or short book. There are so many truths that one must be economical.

For classic works I have not recommended particular editions. Scholarly editions are to be found in the magnificently comprehensive, ongoing series of the Cambridge Texts in the History of Political Thought (Cambridge University Press); but there are a wide variety of more popular paperback editions also.

Advisory Group on Citizenship, *Education for Citizenship and the Teaching of Democracy in Schools* (Qualifications and Curriculum Authority, 1998).

Horatio Alger, *Struggling Upward, or Luke Larkin's Luck*, ed. Carl Bode (Penguin Books, 1985).

Geoff Andrews (ed.), *Citizenship* (Lawrence & Wishart, 1991).

Hannah Arendt, *The Origins of Totalitarianism*, 2nd edn (Allen & Unwin, 1958).

—— *The Human Condition* (Cambridge University Press, 1958).

Aristotle, *The Politics*.

—— *Main Currents in Sociological Thought*, vol. 1 (Weidenfeld & Nicolson, 1965).

Raymond Aron, *Democracy and Totalitarianism* (Weidenfeld & Nicolson, 1968).

Benjamin Barber, *Strong Democracy* (University of California Press, 1984).

Max Beloff (ed.), *The Debate on the American Revolution, 1761–1783* (Nicholas Kaye, 1949).

Isaiah Berlin, *Four Essays on Liberty* (Oxford University Press, 1969).

J. H. Burns, *Political Thought: 1450–1700* (Cambridge University Press, 1991).

Andrew Carnegie, *Triumphant Democracy* (1886).

Alfred Cobban, *The Debate on the French Revolution, 1789–1800* (Nicholas Kaye, 1950).

Benjamin Constant, *Écrits politiques*, ed. Marcel Gauchet (Éditions Gallimard, 1997).

F. R. Cowell, *Cicero and the Roman Republic* (Pelican Books, 1956).

Bernard Crick (ed.), *Citizens: Towards a Citizenship Culture* (Blackwell and Political Quarterly, 2001).

—— *Essays on Citizenship* (Continuum, 2000).

—— *In Defence of Politics*, 5th edn (Continuum, 2000).

—— *Basic Forms of Government* (Macmillan, 1973).

Colin Crouch, *Coping with Post-Democracy* (Fabian Society, 2001).

—— and David Marquand (eds), *Reinventing Collective Action* (Blackwell and Political Quarterly, 1992).

Robert A. Dahl, *Democracy and Its Critics* (Yale University Press, 1991).

—— *On Democracy* (Yale University Press, 1999).

Cynthia Farrar, *The Origins of Democratic Thinking: The Invention of Politics in Classical Athens* (Cambridge University Press, 1988).

S. E. Finer, *The Man on Horseback* (Pall Mall Press, 1962).

—— *The History of Government*, 3 vols (Oxford University Press, 1997).

M. I. Finley, *The Ancient Greeks* (Chatto & Windus, 1963).

W. G. Forrest, *The Emergence of Greek Democracy* (Weidenfeld & Nicolson, 1966).

Carl J. Friedrich, *Constitutional Government and Democracy*, rev. edn (Ginn & Co., New York, 1950).

Andrew Gamble, *Politics and Fate* (Polity, 2000).

Ernest Gellner, *Conditions of Liberty: Civil Society and Its Rivals* (Hamish Hamilton, 1994).

Alexander Hamilton, John Jay, and James Madison, *The Federalist*

James Harrington, *Oceana* – see J. G. A. Pocock.

Louis Hartz, *The Liberal Tradition in America* (Harcourt Brace, 1955).

David Held, *Models of Democracy*, 2nd edn (Polity, 1996).

Christopher Hill, *Puritanism and Revolution* (Secker & Warburg, 1958).

Paul Hirst and Sunil Khilnani, *Reinventing Democracy* (Blackwell and Political Quarterly, 1996).

Thomas Hobbes, *Leviathan* (1651).

Richard Hofstadter, *The Paranoid Style in American Politics* (Cape, 1966).

Thomas Jefferson, *Political Writings*, ed. Joyce Oldham Appleby and Terence Ball (Cambridge University Press, 1996).

John Keane, *Democracy and Civil Society* (Verso, 1988).

Preston King, *Toleration* (Allen & Unwin, 1976).

Mario Attilio Levi, *Political Power in the Ancient World* (Weidenfeld & Nicolson, 1965).

A. D. Lindsay, *The Modern Democratic State* (Oxford University Press, 1943).

John Locke, *Two Treatises on Government* (1689).

Niccolò Machiavelli, *The Discourses* (1531).

C. H. McIlwain, *Constitutionalism Ancient and Modern* (Cornell University Press, 1947).

C. B. Macpherson, *The Real World of Democracy* (Oxford University Press, 1966).

David Marquand, *The New Reckoning: Society, State and Citizens* (Polity, 1997).

Masao Maruyama, *Thought and Behaviour in Modern Japanese Politics*, ed. Ivan Morris (Oxford University Press, 1963).

Lidia Storoni Mazzolani, *The Idea of the City in Roman Thought* (Hollis & Carter, 1967).

Christian Meier, *The Greek Discovery of Politics* (Harvard University Press, 1990).

Michael Mendle (ed.), *The Putney Debates of 1647: the Army, the Levellers and the British State* (Cambridge University Press, 2001).

J. S. Mill, *Autobiography* (1873).

—— *On Liberty* (1859).

—— *Considerations on Representative Government* (1861).

Barrington Moore Jnr., *Social Origins of Dictatorship and Democracy* (Allen Lane, 1967).

Reinhold Niebuhr, *Christian Realism and Political Problems* (Faber & Faber, 1954).

Adrian Oldfield, *Citizenship and Community: Civic Republicanism and the Modern World* (Routledge, 1990).

Dawn Oliver and Derek Heater, *The Foundations of Citizenship* (Harvester Wheatsheaf, 1994).

Plato, *The Republic*.

J. G. A. Pocock (ed.), *The Political Works of James Harrington* (Cambridge University Press, 1977).

—— *The Machiavellian Moment: Florentine Political Thought and the Atlantic Republican Tradition* (Princeton University Press, 1975).

John Rawls, *A Theory of Justice* (Clarendon Press, 1972).

Joseph Schumpeter, *Capitalism, Socialism and Democracy* (Allen & Unwin, 1943).

Richard Sennett, *The Fall of Public Man* (Knopf, 1977).

Quentin Skinner, *Liberty Before Liberalism* (Cambridge University Press, 1998).

Adam Smith, *The Wealth of Nations* (1776).

Herbert Spencer, *Man versus the State* (1884).

John Tebbel, *From Rags to Riches: Horatio Alger, Jr. and the American Dream* (New York, Macmillan, 1965).

Thucydides, *The Peloponnesian War*.

Alexis de Tocqueville, *L'Ancien Régime et la Révolution en France* (1856), translated under various titles.

—— *Democracy in America*, 2 vols. (1835–40).

H. G. Wells, *The Future in America* (Harper, 1906).